Andrea M. Hesse

Wendepunkte – wie Frauen aus der Depression finden

D1923776

HERDER spektrum

Band 5491

Das Buch

Frauen erkranken im Laufe ihres Lebens 2,4-mal häufiger an Depressionen als Männer – Grund genug, speziell die weiblichen Aspekte dieser Volkskrankheit unter die Lupe zu nehmen. Sie sind vielfältig, denn Depressionen haben meist einen biologischen ebenso wie einen gesellschaftlichen Aspekt. So können die hormonellen Veränderungen nach der Geburt eines Kindes oder in den Wechseljahren eine Depression mitbedingen, aber auch die vielgestaltigen Ansprüche, denen Frauen ausgesetzt sind: Sie sollen liebevolle Mütter und Partnerinnen sein und im Beruf voll verfügbar; fit, aktiv und schön – „Superfrauen" eben.

Andrea M. Hesse hat selbst fünf Jahre unter Depressionen gelitten. Sie zeigt, in welchen Lebensbereichen Frauen besonders anfällig für diese Krankheit sind, woran man eine Depression erkennt und was dagegen getan werden kann. Die überwiegende Mehrzahl depressiver Erkrankungen lässt sich therapeutisch gut behandeln – umso besser natürlich, je früher sie erkannt werden. Therapieformen gibt es viele. Jede Frau kann mit fachlicher Unterstützung die für sie richtige Kombination aus medikamentöser Behandlung, Psychotherapie, Naturheilverfahren, Bewegung und Ernährung finden. Die Autorin stellt die unterschiedlichen Therapieansätze vor, informiert über den aktuellen Stand der Forschung und lässt Experten und Betroffene zu Wort kommen. Und sie fordert Frauen auf, die Erkrankung auch als Anlass zu sehen, das eigene Leben, die eigene Situation genauer in Augenschein zu nehmen: Gibt es Ansprüche an sich selbst und die eigene Rolle, die überzogen sind und von denen frau sich verabschieden sollte?

Abgerundet wird das Buch durch Informationen dazu, wo Frauen Anlaufstellen und Hilfe finden. Es gibt Behandlungsmöglichkeiten für Depressionen. Und die Chance, aus der Krise gestärkt hervorzugehen.

Die Autorin

Andrea M. Hesse ist Journalistin und für zahlreiche Zeitschriften freiberuflich tätig. Bei Herder Spektrum liegt von ihr außerdem vor: Schatten auf der Seele (Band 5254).

Andrea M. Hesse

Wendepunkte – wie Frauen aus der Depression finden

HERDER

FREIBURG · BASEL · WIEN

Die in diesem Buch gegebenen Hinweise sind Anregungen; sie sollten nicht als Ersatz für professionelle Hilfe angesehen werden. Verlag und Autorin übernehmen für die Folgen einer Selbstbehandlung keine Haftung.

Gedruckt auf umweltfreundlichem,
chlorfrei gebleichtem Papier

Originalausgabe

Alle Rechte vorbehalten – Printed in Germany
© Verlag Herder Freiburg im Breisgau 2005
www.herder.de
Satz: Rudolf Kempf, Emmendingen
Herstellung: fgb · freiburger graphische betriebe 2005
www.fgb.de
Umschlaggestaltung und Konzeption:
R·M·E München/Roland Eschlbeck, Liana Tuchel
Umschlagmotiv: © Mauritius
ISBN 3-451-05491-4

Für meine Mutter und meine Schwester Nanne,
die unter Depressionen gelitten haben.
Leider konnten sie damals noch nicht erfolgreich
behandelt werden.

Inhalt

Dank

Herzlichen Dank allen betroffenen Frauen, die sich mir in intensiven Gesprächen anvertraut haben.

Ein Dankeschön an die Experten für die kompetente fachliche Beratung und Unterstützung:

Prof. Dr. Anke Rohde (Universitätsfrauenklinik Bonn)
Dr. Carl-Ludwig von Ballestrem (Marcé Gesellschaft), Wiesloch
Dr. Karl C. Mayer (Neurologe, Heidelberg)
Dr. Wolfgang E. Paulus (Medikamentenberatung in Schwangerschaft und Stillzeit, Ravensburg)
Dr. Wolfram Dorrmann (Krisenintervention, Fürth)
Dr. Simone Schenk (stationäre Mutter-Kind-Behandlung, Heidelberg)
Dr. Dipl.-Psych. H.-P. Hartmann (stationäre Mutter-Kind-Behandlung, Heppenheim)
Prof. Dr. Ulrich Hegerl (Kompetenznetz Depression, München)

Vorwort

Obwohl Depressionen ein sehr häufiges Problem sind – etwa 15 Prozent aller Menschen sind in ihrem Leben mindestens einmal von Depressionen betroffen –, sind sie immer noch ein Tabuthema. Niemand spricht gerne darüber, Betroffene haben Angst, stigmatisiert zu werden, wenn jemand etwas über ihre Probleme erfährt. Nicht zuletzt darin liegen die Gründe dafür, dass Depressionen und verwandte psychische Probleme sehr häufig unbehandelt bleiben, chronisch werden und nicht nur den oder die Betroffene, sondern auch das soziale Umfeld erheblich beeinträchtigen. Für Frauen ist es besonders wichtig, sich den psychischen Problemen zu stellen und Hilfsmöglichkeiten in Anspruch zu nehmen, da sie einerseits etwa zweimal so häufig wie Männer von Depressionen betroffen sind und andererseits wegen der meist vorhandenen Doppelt- und Dreifach-Belastung als Mutter, Ehefrau und Berufstätige kaum noch Rückzugsmöglichkeiten haben. Und auch für das Auftanken und Kräftesammeln bleibt heutzutage kaum Zeit.

Bei Frauen treten Depressionen, Angststörungen und andere psychische Probleme besonders häufig in den Zeiten auf, die mit dem weiblichen Lebensrhythmus zu tun haben: in bestimmten Phasen des Menstruationszyklus, in der Schwangerschaft, nach einer Entbindung und nicht zuletzt in den Wechseljahren. Aufklärung über diese Störungsbilder ist wichtig. Bedeutsam ist aber auch ihre Normalisierung im Sinne des vorliegenden Buches. Andrea M. Hesse stellt Depressionen und andere psychische Probleme in den Zusammenhang weiblichen Lebens, zeigt auf, dass wir alle betroffen sein können, dass man offen damit umgehen kann und Hilfsangebote in Anspruch nehmen sollte. Besonders vor dem Hintergrund ihrer eigenen Geschichte, nämlich der Erfahrung, wie lange man unter Umständen benötigt, um die richtige Behandlung für eine Depression annehmen zu können, bringt die Autorin ihren Leserinnen und Lesern die Wichtigkeit der richtigen Behandlung nahe – ob diese nun in der Psychotherapie, in der Gabe von Antidepressiva oder in anderen Methoden liegt. Gerade die schulmedizinischen Maßnahmen wie etwa die Behandlung mit Antidepressiva werden nicht selten verteufelt, weil Menschen glauben, dadurch werde die Persönlichkeit verändert und man werde abhängig. Mit solchen Vorurteilen aufzuräumen ist ebenfalls ein Ziel dieses Buchs.

Alle Maßnahmen, die zur Verbesserung der psychischen Gesundheit von Frauen beitragen, sind unterstützenswert. Ich hoffe deshalb, dass dieses Buch zumindest einigen Betroffenen und Angehörigen den Weg in die richtige Behandlung und damit in die Gesundheit weisen wird.

Prof. Dr. med. Anke Rohde
Gynäkologische Psychosomatik
Universitätsfrauenklinik Bonn
September 2004

Dankbarkeit

Ich danke Gott
dass ich die Chance bekommen habe
den Sinn des Lebens
und vor allem mich selbst
wiederzufinden.

Annette Nauermann

Meine Geschichte: „Ich habe es geschafft. Es geht mir richtig gut!"

Ich weiß, wovon ich rede und schreibe: Ein paar Monate nach der Geburt unserer ersten Tochter werde ich krank. Es folgen schlimme Jahre, in denen Depressionen und Angstgefühle mein Leben beherrschen. Tage voller Tränen, durchwachte Nächte im Bett, innere Höllenqualen, Steine auf der Brust. Ausweglosigkeit, Verzweiflung, unendliche Traurigkeit: Ich habe gekämpft – und schließlich gewonnen. Mit der Unterstützung von Medikamenten, Gesprächstherapie und guten Freunden. Mein verlässlichster Partner und Fels in der Brandung war in meinen schweren Jahren mein Ehemann Harald. Mittlerweile haben wir zwei Kinder und ich fühle mich richtig wohl in meiner Haut.

Diesen Sommertag werde ich nie vergessen. Unser Wunschkind Anna Lea ist gerade fünf Monate alt, die Vorbereitungen für ihre Taufe laufen auf Hochtouren. Da erwischt es mich: Plötzlich laufe ich unruhig umher, bin völlig aufgelöst, habe Angst, dass ich sterben muss. Die plötzliche Panik, Angstzustände, innere Qualen – ich fühle mich fremdbestimmt, nichts ist unter Kontrolle, ich kann mich nicht beruhigen. Am nächsten Tag gehe ich sofort zum Arzt, der spritzt mir ein Beruhigungsmittel und verschreibt das Antidepressivum Saroten. Ich vertrage es überhaupt nicht, muss es sofort wieder absetzen. Ich weiß nicht, dass es ganz häufig vorkommt, dass man ein Medikament nicht verträgt. Ich bin irritierter als zuvor. Niemand kann mir helfen, davon bin ich fest überzeugt. Ich fühle mich völlig zerrissen.

„Sie sind keine Maschine, die wie am Schnürchen funktioniert"

Endlich habe ich einen Termin bei einem anderen Neurologen. Er klärt mich auf: „Wir versuchen jetzt mal ein anderes Antidepressivum, das Sie wahrscheinlich besser vertragen werden. Es kann eben manchmal etwas dauern, bis man das richtige Medikament gefunden hat." Ich will nur wissen, wie lange ich das nehmen muss. Wann werde ich wieder gesund sein? Er schaut mich ungläubig an, dass ich solche Fragen überhaupt stelle, und reagiert ungehalten: „Sie kommen hier in einer Grenzsituation zu mir und wollen Hilfe. Glauben Sie ernsthaft, dass ich Ihnen jetzt auf diese Fragen antworte? Sie sind keine Maschine, die wie am Schnürchen funktioniert. Ich rate Ihnen: Gehen Sie viel mit Ihrer Tochter spazieren, lachen Sie, hören Sie viel Musik. Das alles tut gut und bringt Sie auf andere Gedanken. Wenn Sie dann noch Unterstützung durch eine gute Gesprächstherapie erfahren, wird es schon besser werden. Man kann nicht von heute auf morgen ein ganzes Leben mit einem solchen Familienhintergrund, wie Sie ihn haben, aufarbeiten. Und wenn etwas ist, rufen Sie mich an", verabschiedet er sich. Ich spüre etwas Zuversicht und Hoffnung in mir aufsteigen. Zumindest habe ich das Gefühl, doch nicht so ein hoffnungsloser Fall zu sein.

Rückblickend muss ich sagen: Dieser Arzt hatte Recht. Antidepressivum in Kombination mit einer Gesprächstherapie plus sich selbst was Gutes tun – das ist in Kürze der beste Weg, um die Krankheit in den Griff zu kriegen. Aber erstens wollte ich damals nicht wahrhaben, dass ich Depressionen habe. Besser gesagt: Ich war Lichtjahre davon entfernt. So jemand wie ich, der perfektionistisch ist und auf Leistung getrimmt, der erkrankt doch nicht an der Seele. Schließlich hatte ich bisher in meinem Leben alles unter Kontrolle gehabt. Hinzu kam meine totale Ablehnung gegen Medikamente, vor allem gegen Psychopharmaka. Meine Mutter nahm regelmäßig Valium – und seit meiner Kindheit hasste ich ihren trockenen Mund beim Sprechen. Damals gab es noch keine geeigneten Medikamente zur Behandlung von Depressionen, die betroffenen Menschen litten Höllenqualen. Erst heute kann ich begreifen, was meine depressive Mutter durchgemacht haben muss. Und welches Glück ich habe, dass die Forschung seither so große Fortschritte gemacht hat.

Was habe ich falsch gemacht?
Wofür werde ich bestraft?

Ich nehme also das Antidepressivum Insidon, finde nach verzweifelter und zum Teil entwürdigender Suche eine Gesprächstherapeutin, die Zeit hat und wo die Chemie von Anfang an stimmt. Das ist nämlich das Wichtigste. Wie soll man sich öffnen, von seinen inneren Ängsten, Qualen und Sehnsüchten erzählen können, wenn man sein Gegenüber nicht sympathisch findet, sich unverstanden und nicht aufgehoben fühlt. Das ist schon in guten Zeiten unmöglich, in schlechten einfach undenkbar – und vertane Zeit. Daher gilt: Suchen, bis der richtige Ansprechpartner gefunden ist. Die Kasse zahlt in der Regel fünf Erstgespräche (bei unterschiedlichen Therapeuten), in denen man feststellen kann, ob eine Zusammenarbeit sinnvoll erscheint. Gleich bei der ersten Begegnung habe ich das Gefühl, bei dieser Therapeutin gut aufgehoben zu sein: dass ich mich ihr anvertrauen, loslassen, mich fallen lassen und für so manch ungewohnte Erfahrung öffnen kann.

Immer noch will und kann ich nicht wirklich begreifen, dass ich psychisch krank bin. Was ist los mit mir? Was habe ich falsch gemacht? Wofür werde ich bestraft? So schnell als möglich lasse ich organische Ursachen abklären und hoffe auf eine körperliche Krankheit: Blutbild, Schilddrüsenuntersuchung, HNO-Arzt, Gynäkologin – alles in Ordnung. Oft genug drohe ich zu resignieren. Die Angst ist da. Sie schleicht sich bei mir ein, stimmt mich unruhig, macht mich des Lebens müde.

Manchmal liegen meine Nerven bloß

In der Therapie lerne ich langsam, ganz langsam, mich aus alten, unbewussten Verhaltens- und Denkmustern zu lösen. Ein dorniger Weg mit scharfen Kurven, engen Schluchten, Höhen und Tiefen. Ich mache Entspannungstechniken und meditative Übungen, will wissen, was in mir Angstzustände und Panikattacken auslöst. Manchmal kann ich keinen Menschen um mich herum ertragen, liege stundenlang fast regungslos auf dem Bett und hoffe, dass die Zeit einfach vorbeigeht. Dann liegen meine Nerven bloß, jedes Geräusch kommt mir vor wie eine Bombe, die gerade explodiert. Jedes Lachen und Rufen von Anna Lea geht mir durch Mark und Bein.

Mein Mann, Harald, und Anna Lea sind mein Anker in dieser schweren Zeit. Oft denke ich daran, dass unsere kleine Tochter nicht ohne Mutter aufwachsen soll. Das Antidepressivum Insidon habe ich mittlerweile unter ärztlicher Kontrolle (!) ausgeschlichen. Meine Therapeutin ist der festen Überzeugung, dass ich es auch ohne Medikamente schaffe. Zwischendurch habe ich auch immer wieder Phasen, in denen es mir innerlich und äußerlich gut geht.

Ich probiere Bachblüten, Magnetfeldtherapie, lese Bücher von Louise L. Hay, schalte Anzeigen in der Süddeutschen Zeitung: „Angstneurose, Panikattacken, Depression. Wer weiß Rat …“ Dann ist es wieder da. Mir wird alles zu viel. Egal, was ich mache, es kostet mich unvorstellbare Kraft. Ich brauche unendlich viel Schlaf, Ruhepausen zur Regeneration, sonst schaffe ich den Tag nicht. Abends gehe ich meistens früh ins Bett – in der Hoffnung, meine leere Batterie aufladen zu können. Aber das ist ein Trugschluss. Immer wieder wache ich morgens gegen vier Uhr auf, kann dann nicht mehr einschlafen und sehe dem Tag voller Angst entgegen.

Meine Nerven sind bis aufs Äußerste gespannt

Reiki, Homöopathie und die Suche nach dem Hefepilz Candida albicans sind weitere Stationen auf meinem Weg. Ich schreibe Tagebuch, besuche ein Atemseminar, melde mich für Massagen nach Gerda Boyesen an. Ich lasse ein Horoskop erstellen, suche Hilfe bei der Gemeinschaft von Bruno Gröning und bitte darum, seinen Heilstrom aufnehmen zu dürfen.

Der Sommer ist schrecklich, es geht mir psychisch und auch physisch total schlecht. Die Hitze erdrückt mich. Ich habe Schweißausbrüche, mir ist schwindlig. Meine Nerven sind bis aufs Äußerste gespannt. Ich sage mal wieder alle Verabredungen ab und mache einen Termin bei dem Medium Sybille aus. Schon während der Sitzung wird mir klar: Das Geld hätte ich mir sparen können.

Ein Telefonat mit dem Berner Psychotherapieprofessor Grawe bringt mich weiter: „Sie müssen auf jeden Fall die Therapie wechseln. Wenn nach sechs Monaten keine erkennbare Besserung eingetreten ist, dann läuft da etwas falsch." Er empfiehlt mir einen Neurologen in der Münchner Innenstadt, der leider auf lange Sicht keine Termine frei hat, mir aber ein Antidepressivum verschreibt plus Betablocker. Außerdem melde ich mich vorsorglich in einer psychosomatischen Klinik an, weil ich mein Leben so nicht mehr aushalte. „Wenn es Ihnen schlechter geht, erhöhen Sie die Medikamentendosis", erklärt der Neurologe kurz vor seinem Urlaub. Ich bin erschüttert, fahre nach Hause und werde immer wütender. Was bilden die sich eigentlich ein? Einfach ruhig stellen, abschieben, Medikamente essen wie Schokolade: Ich beschließe, sofort mit jedweder Therapie aufzuhören. Und suche mir einen Halbtagsjob, der jedoch auch nicht die erhoffte Befreiung bringt.

Es geht mir immer schlechter. Aber ich will nicht in eine Klinik, will Anna Lea nicht so lange allein lassen. So entscheide ich mich für eine so genannte Expositionstherapie im Christoph-Dornier-Centrum in Münster. Das Konzept klingt viel versprechend und lässt sich in Kurzform so beschreiben: Der Patient lernt, in Angstsituationen die Angst selbst so zu verstärken, dass sie weiter ansteigt und dann aufgrund der Erschöpfung wieder abfällt. Kostenpunkt seinerzeit: 12000 DM. Für Patienten mit Depressionen ist diese Therapie zwar nicht geeignet, aber ich bin ja auch nach wie vor der Meinung, dass ich diese depressiven Verstimmungen nur habe, weil ich meine Krise nicht in den Griff bekomme. Die zehn Tage in Münster sind hart, sehr hart, manchmal wirklich grenzwertig. So werde ich gleich am Anfang in eine stockdunkle Kammer eingesperrt, weiß nicht, wann ich wieder rauskomme. Mir wird eng, mein Hals schnürt sich zu. Ich schreie und schreie. „Sie kommen da nie wieder raus, die Luft wird immer schlechter. Alle gehen nach Hause. Keiner hört Sie“, verstärkt meine Therapeutin die Angst. Irgendwann wird die Tür aufgeschlossen. Ich bin völlig am Ende.

Fast täglich quälen mich Suizidgedanken

Kaum bin ich nach der Therapie wieder zu Hause, wird mir erneut schwindlig, übel, ich bin unendlich traurig und bedrückt. Zwangsgedanken machen mir das Leben zur Hölle. Sie sind nur destruktiv, alles endet in der Vorstellung, dass ich mich umbringe. Mittlerweile bin ich wieder bei meiner Gesprächstherapeutin, weil ich eingesehen habe, dass ich noch Begleitung brauche. Wie lange wird meine Ehe das noch aushalten? Eine Heilpraktikerin will den bösen Geist von mir nehmen – auch telefonisch. Dann mache ich schreckliche Erfahrungen mit einem Therapeuten, der die systemische Familienaufstellung nach Bert Hellinger praktiziert. Mittlerweile habe ich immer mehr den Verdacht, dass ich doch eine Depression habe. Wie meine Mutter und meine verstorbene Schwester. Plus Angst. Ich inseriere nochmals in der Süddeutschen Zeitung. Fast täglich quälen mich inzwischen Suizidgedanken. Ich weiß weder ein noch aus. Wie ein Tiger im Käfig schleiche ich vormittags im Haus herum, weine leise vor mich hin, werfe mich aufs Bett und flehe um Hilfe. In meiner höchsten Not rufe ich einen Mann an, der sich auf mein Inserat gemeldet hatte. Er kennt diese Zustände aus eigener Erfahrung und redet auf mich ein, nicht aufzugeben und noch mal auf die Chemie zurückzugreifen. Das ist meine Rettung.

Endlich finde ich das richtige Medikament

Langsam, ganz langsam wirken die Medikamente. Anfangs nehme ich das Antidepressivum Fluctin plus das Beruhigungsmittel Tavor. Ich bin so außer Kontrolle, dass ich irgendwie beruhigt werden muss. Ich weiß, dass es wie Valium abhängig macht, wenn man es länger als zwei, drei Wochen nimmt. Darum schleiche ich es nach kurzer Zeit aus. Natürlich alles unter ärztlicher Kontrolle. Fluctin bringt nicht den erhofften Erfolg. Aber ich vertraue jetzt ganz auf meinen Neurologen. Er ersetzt Fluctin durch Anafranil. Endlich das richtige Antidepressivum für mich. Es ist unfassbar. Ein Wunder. Nach wenigen Wochen geht es mir gut. Keine quälenden Ängste mehr, keine Unruhe, keine Traurigkeit. Ich kann es kaum glauben. Ich habe es geschafft. Und bald darauf werde ich – mit einer geringen Dosis Anafranil – mit unserem heiß ersehnten zweiten Kind schwanger.

Was ganz wichtig ist: Anafranil hat *mir* geholfen. Es gibt aber über vierzig verschiedene Antidepressiva und immer neue mit anderen Wirkstoffen kommen hinzu. Jeder Betroffene muss versuchen, zusammen mit dem Arzt das für ihn passende Medikament zu finden. Leider gibt es noch (!) keine Verfahren, die diesen Prozess des Suchens und Findens beschleunigen. Aber die Forschung arbeitet daran.

Manchmal schleicht „es“ sich bei mir auch heute noch an: Dann stellen sich Gefühle der Angst und Niedergeschlagenheit ein. Für mich ein deutliches Zeichen: Es ist Zeit, innezuhalten. Zu viel Arbeit, zu viele Verabredungen und Termine. Je mehr ich mich meinen ureigensten Gefühlen stelle, desto mehr spüre ich, wie „es“ wieder nachlässt. Manchmal muss ich auch meine Medikamentendosis ein bisschen erhöhen. Aber ich weiß, dass es wieder vorbei geht. Und bin unendlich dankbar dafür.

Die Irrungen und Wirrungen meines langen und dornigen Wegs habe ich in dem Buch „Schatten auf der Seele. Wege aus Angst und Depression“ (Herder spektrum 5254) festgehalten. Um Betroffenen Mut zu machen. Immerhin können rund 80 Prozent aller depressiven Erkrankungen gut behandelt werden. Das kann bei einer Volkskrankheit wie der Depression nicht oft genug wiederholt werden.

Die Welt ist voller Leiden,
aber auch voller Möglichkeiten,
Leiden zu überwinden.

Helen Keller

Volkskrankheit Depression: Es kann wirklich jeden treffen

Weltweit leiden 450 Millionen Menschen unter psychischen Störungen, rund 121 Millionen an Depressionen, europaweit erreicht die Zahl der Betroffenen 33,4 Millionen. In Deutschland sind fünf Prozent der Bevölkerung akut an einer Depression erkrankt. Weniger als die Hälfte der behandlungsbedürftigen Depressionen wird erkannt und richtig behandelt. Vor allem Frauen sind betroffen, rund 2,4-mal häufiger als Männer.

Nicht nur Laien, sondern auch viele Ärzte unterschätzen die Häufigkeit und Schwere depressiver Erkrankungen. Depressiv zu sein, so die Weltgesundheitsorganisation WHO in ihrem Jahresbericht 2001, beeinträchtigt das Leben ebenso sehr wie Blindheit oder Querschnittslähmung. Stimmt. Es ist tatsächlich so schlimm. Und die Häufigkeit der Erkrankung nimmt weiter zu.

Test: Leiden Sie an einer Depression?*

Welche Aussage trifft im Moment auf Sie zu?

Seit mehr als zwei Wochen

- macht mir nichts mehr Spaß.
- bin ich bedrückt und traurig.
- traue ich mir nichts mehr zu.
- kann ich mich nur schwer konzentrieren.
- leide ich unter starker innerer Unruhe.
- fällt es mir schwer, Entscheidungen zu treffen.

- habe ich kaum noch Appetit.
- leide ich unter starken Schlafstörungen.
- erscheint mir alles sinnlos.
- fühle ich mich so wertlos.
- bin ich völlig verzweifelt und möchte am liebsten nicht mehr leben.

*(Quelle: Prof. Dr. Ulrich Hegerl. www.kompetenznetz-depression.de)

Auswertung: Haben Sie mehr als vier Punkte angekreuzt? Dann ist die Wahrscheinlichkeit hoch, dass Sie an einer typischen Depression erkrankt sind. Lassen Sie keine kostbare Lebenszeit verstreichen. Sprechen Sie für eine eindeutige Diagnose mit Ihrem Haus- oder Facharzt.

2020: Depression als Volkskrankheit Nummer zwei

Im Jahr 2020, so Schätzungen der Weltgesundheitsorganisation WHO, werden Depressionen die Volkskrankheit Nummer zwei sein.[1] Und zwar über alle Kulturen und sozialen Schichten hinweg, unabhängig von Familienstand und wirtschaftlichen Verhältnissen. Eine Depression kann mit oder ohne Auslöser auftreten, die ganze Familie betreffen, lebenslang dauern oder spontan wieder aufhören. Niemand ist davor gefeit, nicht einmal ein 24-jähriger Fußballprofi wie Sebastian Deisler, ein Popstar wie Britney Spears oder eine Schauspielerin wie Brooke Shields, um nur einige Prominente zu nennen. Traurig, aber wahr: Nur einer von zehn depressiven Patienten erhält eine Therapie, die dem aktuellen Stand der Forschung entspricht.

Internationale Einteilungssysteme

Es gibt nicht *die* Depression. Denn jeder Betroffene erlebt sie anders, hat sein individuelles Profil an Symptomen von unterschiedlicher Stärke und Dauer. Zwei internationale Klassifikationssysteme versuchen, die vielfältigen Formen dieser Erkrankung zu unterteilen: Sie heißen ICD-10 und DSM-IV.

ICD-10 steht für ein internationales Einteilungssystem (International Classification of Diseases, zehnte Überarbeitung), in dem psychische Erkrankungen, also auch Depressionen, nach groben Kriterien wie Schweregrad oder Verlauf eingeteilt werden. Es hilft dem Arzt bei der Diagnose und der Wahl der Therapie.

Das Klassifikationssystem der amerikanischen psychiatrischen Gesellschaft lautet DSM-IV (Diagnostisches und Statistisches Manual Psychischer Störungen, vierte Überarbeitung). Im DSM-IV ist beispielsweise festgelegt, dass es sich um eine klassische Depression handelt, wenn mindestens fünf der folgenden Symptome über mindestens zwei Wochen vorliegen und die Betroffenen im sozialen oder beruflichen Lebensbereich erheblich beeinträchtigen. Wichtig für die Diagnose: Eines dieser Symptome muss aus Punkt 1) oder 2) sein.[2]

1) Depressive Verstimmung
2) Verlust an Interesse oder Freude
3) Verminderter Appetit oder Gewichtsverlust ohne Diät oder gesteigerter Appetit oder Gewichtszunahme
4) Schlaflosigkeit oder vermehrter Schlaf
5) Psychomotorische Unruhe oder Verlangsamung
6) Müdigkeit oder Energieverlust
7) Gefühle von Wertlosigkeit oder Schuldgefühle
8) Verminderte Konzentration oder verringerte Entscheidungsfähigkeit
9) Wiederkehrende Gedanken an den Tod oder Suizidgedanken

Mit zwei Fragen der Depression auf der Spur

Viele Patienten kommen mit körperlichen Beschwerden zum Hausarzt und werden dort falsch oder unnötig lange behandelt. Jeder zweite depressiv Erkrankte wird nicht erkannt, so ein Ergebnis der bundesdeutschen Hausarztstudie[3]. Eine Fehlversorgung kann allerdings dazu führen, dass die Krankheit chronisch wird – mit jahrelangem Leid und sehr hohen Kosten für das Gesundheitswesen. Dabei kamen Dr. Bruce Arroll und sein Team von der University of Auckland in Neuseeland in ihrer Studie zu dem Ergebnis, dass zwei kurze Fragen ausreichen, damit keine Depression übersehen wird.[4]

> Haben Sie sich im vergangenen Monat „down“, depressiv oder hoffnungslos gefühlt?
> Haben Sie im vergangenen Monat wenig Freude und Interesse an Dingen verspürt?

Woran liegt es, dass Hausärzte diese Fragen offenbar zu selten stellen? Haben sie vielleicht Angst vor der Diagnose „Depression“? Weil sie sich mit dieser Krankheit nicht auskennen? Oder den Patienten nicht entsprechend therapieren können? Weil sie sich nicht mit den möglichen Fragen auseinander setzen wollen? Weil sie keine Zeit haben? Weil sie befürchten, dass der Betroffene die Krankheit nicht akzeptieren will und den Arzt wechselt? Logisch: Viele Patienten hören lieber, dass sie unter einer körperlichen Erkrankung leiden und keine psychische Störung haben. Auf der anderen Seite ist die richtige Diagnose der erste Schritt zur erfolgreichen Behandlung. Und viele Menschen, die manchmal jahrelang nicht wussten, was mit ihnen los ist, empfinden es geradezu als Erleichterung, wenn die schrecklichen Symptome endlich einen Namen haben. Es kann ja von da an nur noch besser werden.

Hohes Selbstmordrisiko

Depressive sterben, so Studien, drei- bis viermal häufiger an einem Schlaganfall oder Herzinfarkt. Sie erkranken leichter an Osteoporose, sind anfälliger für Krebstumore und Typ-2-Diabetes. Die Ursachen hierfür konnten Forscher bisher nicht ermitteln. Auch die Fehltage im Beruf aufgrund depressiver Erkrankungen haben drastisch zugenommen, so eine Studie der Techniker Krankenkasse. Die Gütersloher Bertelsmann Stiftung meldet: Depressionen und Suchterkrankungen sind die vierthäufigste Ursache für Fehlzeiten in Unternehmen.

Depressionen, die nicht erkannt und nicht ausreichend behandelt werden, sind auch die Hauptursache für Selbstmorde. In Deutschland sterben jährlich mehr als 11 000 Menschen durch Suizid, fast doppelt so viele wie an Verkehrsunfällen. Experten gehen davon aus, dass etwa neunzig Prozent der Selbstmorde und Selbstmordversuche (deren Zahl auf mehr als das Zehnfache geschätzt wird) im Rahmen einer Depression verübt werden. „Das muss nicht sein. Denn achtzig Prozent aller Depressionen können gut behandelt werden“, weiß Prof. Dr. Ulrich Hegerl, Psychiater an der Universitätsklinik München. Er leitet das Kompetenznetz Depression, Suizidalität und koordiniert mit seinem Team die verschiedenen Aktivitäten dieser Einrichtung.

Hilfe für Betroffene: das Kompetenznetz Depression, Suizidalität

Das europaweit einmalige Projekt Kompetenznetz Depression, Suizidalität informiert Ärzte, Betroffene, Angehörige und weitere Institutionen über Formen, Symptome und Behandlungsmethoden der Krankheit Depression – und wird vom Bundesministerium für Bildung und Forschung (BMBF) gefördert. Im Januar 2001 startete im Rahmen dieses Projekts das „Nürnberger Bündnis gegen Depression“, um die Suizidrate in dieser Region zu senken. Die Information erfolgt über Videos für depressive Patienten, öffentliche Veranstaltungen, Vorträge, Plakate, Flyer und Kinospots. Auch die Gründung von Selbsthilfegruppen wird unterstützt. Insgesamt sind über siebzig Organisationen wie beispielsweise Kirchen, Gewerkschaften, Verbände und Hilfsorganisationen in dem Präventionsprogramm zusammengeschlossen. Ergebnis: Durch Aufklärung und Schulung konnte in der bayerischen Stadt die Zahl der Suizidversuche 2001 und 2002 gegenüber den Vorjahren um ein Viertel gesenkt werden. Das Projekt läuft jetzt bundesweit, beispielsweise in Hamburg-Harburg, Cham, Kempten, Ingolstadt, Erlangen und Lübeck. Dreißig bis vierzig weitere Partnerprojekte befinden sich in der Planungsphase.

Mittlerweile gibt es auch ein europäisches Projekt. Das ist dringend nötig, denn Zahlen belegen, dass sich in der Europäischen Union jedes Jahr mehr als 45000 Menschen das Leben nehmen. Das EU-Projekt EAAD – European Alliance Against Depression – hat mit 15 europäischen Ländern lokale Modellprojekte gestartet. Mit dabei sind Partner von Ungarn bis Portugal und von Island bis Italien. Mehr Informationen gibt es unter www.eaad.net und www.kompetenznetz-depression.de.

Jeder Mensch ist ein einmaliger Mensch
und tatsächlich, für sich gesehen,
das größte Kunstwerk aller Zeiten.

Thomas Bernhard

Geschlechtsunterschiede: Frauen sind anders krank

Die Wahrscheinlichkeit, im Laufe des Lebens an einer Depression zu erkranken, liegt für Männer bei zwölf Prozent, für Frauen bei 26 Prozent. Diese Zahlen sprechen eine deutliche Sprache. Frauen leiden mehr als doppelt so oft an dieser Krankheit. Erst langsam setzt sich das Bewusstsein durch, dass Geschlechtsunterschiede bei der Diagnose und der Behandlung von vielen Erkrankungen berücksichtigt werden müssen. Dass Frauen einfach anders krank sind.

Wir wissen, dass Männer und Frauen viele Dinge ganz unterschiedlich auffassen und angehen. Dass Männer ein besseres Orientierungsvermögen haben, Frauen weniger gewalttätig sind. Dass Frauen eher als Männer versuchen, Probleme und Krisen im Gespräch zu klären. Dass Frauen eher sexuell missbraucht werden und Männer leistungssteigernde Medikamente nehmen. Dass Frauen leidenschaftlich gerne mit Freundinnen über Beziehungen reden, während Männer lieber allein am Computer sitzen. Und dass Frauen ein kleineres Gehirn haben, Männer dafür nicht gerne zum Arzt gehen. Dass Männer Extremsportarten lieben und Frauen oft Diäten machen.

Und wir wissen, dass Frauen mehr als doppelt so oft an Depressionen erkranken. Liegt das gehäufte Auftreten dieser psychischen Erkrankung daran, dass von Frauen so viel erwartet wird? Fühlen sie sich überfordert, Hausfrau, Mutter, Geliebte und oft auch noch berufstätig zu sein? Oder sind die Gründe doch eher genetischer Natur? Welchen Einfluss haben psychosoziale Faktoren? Fachleute sprechen von einem multifaktoriellen Zusammenspiel. Vieles deutet darauf hin, dass bei einer Depression mehrere Faktoren zusammenkommen.

Frauen gehen häufiger zum Arzt

Frauen reden mehr und sind offener. Das sei an einem einfachen Beispiel veranschaulicht: Welcher Mann sagt schon klipp und klar, dass er niedergeschlagen oder antriebslos ist, keine Lust auf Sex hat oder am liebsten den ganzen Tag im Bett bleiben würde? Es sind seltene Exemplare, die so offen auf ihren Körper hören und sich Schwächen zugestehen. Studien zeigen auch, dass Mädchen und Frauen im Umgang mit ihrem Körper sensibler sind, häufiger zur Vorsorge gehen, generell einfach wesentlich gesprächsbereiter sind – auch was psychisches Unwohlsein betrifft. Das führt dazu, dass Frauen häufiger zum Arzt gehen und als Resultat mehr Arzneimittel verordnet bekommen – etwa ein Viertel. Fachleute kritisieren, dass sie zum Teil seit Jahren mit Psychopharmaka überdosiert werden und in jedem Alter mehr Schlaf-, Schmerz- und Beruhigungsmittel einnehmen, obwohl der weibliche Organismus weniger Schmerzmittel braucht. Wen wundert es aufgrund dieser Fakten, dass zwei Drittel der Medikamentenabhängigen weiblich sind? Lassen sich keine organischen Beschwerden feststellen, erhalten vor allem allein erziehende Mütter und sozial benachteiligte Frauen Beruhigungs- und Schlafmittel als eine Art „Verlegenheitsmedikation“, meldet die Bundeskoordination Frauengesundheit.[1]

Ob Kopfweh, Schwindel oder Magenbeschwerden: Untersuchungen belegen, dass bei Frauen wesentlich häufiger psychosomatische Beschwerden festgestellt werden, während männliche Probleme meist als rein körperlicher Natur eingeordnet werden. Auch die Diagnose Burn-out können Männer besser verkraften als Depression. Burn-out verbindet man mit: „Der Mann ist wichtig. Er muss viel arbeiten und ist jetzt einfach erledigt. Ausgebrannt eben." Sein sozialer Status gerät durch diese Krankheit nicht ins Wanken, er behält seinen Platz im gesellschaftlichen Hierarchiesystem. Interessant ist auch die Tatsache, dass Männer in der Regel die teureren Medikamente bekommen. Im Arzneiverordnungsreport 2003 wurden die durchschnittlichen Kosten der Medikamente für 30- bis 35-Jährige verglichen: Die Mittel für Männer waren fast vierzig Prozent teurer als die Präparate, die Frauen im gleichen Alter verordnet wurden.

Die typische Testperson für Arzneimittel: männlich, 75 Kilogramm

Bekannt ist, dass Arzneimittel, die die Psyche beeinflussen, so genannte psychotrope Medikamente, bei Männern und Frauen unterschiedlich wirken.[2] Bestimmte Substanzen werden zum Teil schneller, zum Teil aber auch langsamer vom Körper verarbeitet. Enzyme in der weiblichen Leber bauen beispielsweise wasserlösliche Wirkstoffe schneller ab, dadurch verringert sich die Wirksamkeit eines Medikaments. Fettlösliche Stoffe bleiben bei Frauen dagegen länger im Körper, weil sie wegen des höheren Fettanteils im Körpergewebe besser gespeichert werden können. Hinzu kommt, dass der weibliche Stoffwechsel während des Zyklus und im Alter unterschiedlich reagiert. Medikamente in klinischen Arzneimittelstudien werden allerdings, abgesehen von der Frauenheilkunde, immer noch überwiegend an jungen Männern von mittlerer Statur getestet – durchschnittliches Gewicht 75 Kilogramm – und an deren Lebenssituationen und Gesundheitsnormen ausgerichtet. Das ist einfacher und kostengünstiger. Obwohl die Geschlechtsunterschiede bekannt sind, werden die Ergebnisse von Arzneimittelstudien 1 : 1 auf Frauen übertragen.

Jahrelang wurden Medikamente überhaupt nur an Männern getestet. Von 1977 bis 1992 etwa durften junge Frauen im gebärfähigen Alter nicht an klinischen Studien teilnehmen, unter anderem auch wegen der Contergan-Katastrophe Anfang der sechziger Jahre. Die Firma Grünenthal hatte das Schlafmittel 1957 auf den Markt gebracht. Schwangere nahmen es auf ärztliche Empfehlung, denn Contergan vertrieb die Übelkeit in den ersten Wochen der Schwangerschaft. Allein in der Bundesrepublik wurden in den Jahren 1958 bis 1961 etwa 4000 Kinder mit schweren Missbildungen wie viel zu kurzen Armen und Beinen, die wie amputiert aussahen, geboren. Die Ärzte stellten fest, dass diese Katastrophe etwas mit dem in Contergan enthaltenen Wirkstoff Thalidomid zu tun hatte. Das Schlafmittel wurde vom deutschen Markt verbannt.

Heute liegt der Frauenanteil in frühen Entwicklungsphasen eines Medikaments zwischen zehn und vierzig Prozent, in der klinischen Phase zwischen dreißig und achtzig Prozent, so das Ergebnis einer aktuellen Umfrage vom Verband Forschender Arzneimittelhersteller. Da in der frühen Prüfphase ein Risiko für die Fertilität und eine bestehende Schwangerschaft nicht ausgeschlossen werden kann, erfolgt die erste Anwendung an Menschen nach wie vor an gesunden männlichen Probanden. Gebärfähige Frauen nehmen dann an Studien teil, wenn sichergestellt ist, dass das neue Medikament keine Wechselwirkungen mit der Antibabypille hat und die Frauen ausreichend verhüten. Das ist immerhin ein kleiner Fortschritt in punkto Arzneimittel. Allerdings besteht weiterhin großer Forschungsbedarf.

Rosa oder hellblau?

Wie werden aus Mädchen typische Mädchen und aus Jungen eben Jungen? Schon vor der Geburt haben die Eltern in der Regel gewisse Vorstellungen von ihrem Kind. Männlich oder weiblich? Blaue Strampler oder rosa Kleidchen? Barbara, 35, macht einen Freudenschrei, als sie erfährt, dass ihr drittes Kind endlich das heiß ersehnte Mädchen ist. Nach Jakob und Maximilian kommt Pauline zur Welt. Sie erobert das Leben in Rosa, so früh wie möglich hat sie Schleifchen und Bänder im Haar. Und wird in einem nostalgischen Kinderwagen aus den 60er-Jahren durch die Gegend kutschiert. Barbara erfüllt sich damit endlich ihren Kleinmädchentraum. Da wundert es kaum, dass auch Pauline irgendwie spürt, dass an sie als Mädchen gewisse Erwartungen gestellt werden, oder?

Mädchen müssen schneller Verantwortung übernehmen

Untersuchungen belegen, dass von Anfang an in der Erziehung von Jungen und Mädchen Unterschiede da sind: Mädchen werden länger gestillt, machen häufiger Schwierigkeiten beim Füttern, bekommen weniger Anregungen, müssen sich nicht so viel bewegen. Auf der anderen Seite beginnt die Sauberkeitserziehung bei ihnen bereits zwischen dem fünften und zwölften Monat, bei Jungen erst zwischen dem achten und 16. Monat. Ordnung, selbstständiges Anziehen und Essen sowie Rücksichtnahme und Verantwortung für kleinere Geschwister werden ebenfalls von den Mädchen früher erwartet. Sie lernen auch, sich bei Konflikten lieber zurückzuziehen und nachgiebig zu sein. Jungen hingegen sollen sich durchsetzen. Frühe Unterschiede in der psychischen Entwicklung von Jungen und Mädchen prägen das spätere Rollenverhalten. Studien zeigen, dass Mädchen eher zu „erlernter" Hilflosigkeit und geringem Selbstvertrauen erzogen werden. Geschlechtsunterschiede zeigen sich bereits im Vorschulalter und sind in der Pubertät nicht zu übersehen.

Männer denken in der Regel systematisch, die meisten Frauen empathisch

Frauen und Männer sind vom ersten Tag an unterschiedlich, behauptet der renommierte Psychologe Simon Baron-Cohen. Bereits im Mutterleib werden die Gehirne aufgrund unterschiedlicher Hormonkonzentrationen unterschiedlich programmiert.[3] In einem Versuch mit hundert Babys hat Baron-Cohen beobachtet, dass es bereits am ersten Lebenstag bemerkenswerte Unterschiede im Verhalten der Geschlechter gibt. Das setzt sich fort. Schon kleine Mädchen legen mehr Wert auf vertraute Freundschaften, berühren einander, nehmen sich in den Arm, verraten einander Geheimnisse. Im Vergleich dazu reden Jungen nur selten über ihre Schwächen, im Spiel mit Gleichaltrigen geht es in erster Linie um Konkurrenzkampf.

Das kommt einem doch irgendwie bekannt vor. Baron-Cohens Buch ist voll von Belegen für geschlechtsspezifische Unterschiede, und zwar in vielen unterschiedlichen Situationen und Altersstufen. „Kleine Mädchen reagieren schon im Alter von zwölf Monaten empathischer auf den Kummer anderer Menschen, zeigen mehr Anteilnahme durch traurige Blicke, mitfühlende Lautäußerungen und tröstendes Verhalten. Das entspricht interessanterweise dem Verhalten, das man am anderen Ende des Altersspektrums findet, wo weit mehr Frauen als Männer angeben, dass sie emotionalen Kummer mit Freundinnen besprechen", so Baron-Cohen.

Seine These: Das Gehirn von Frauen ist auf Einfühlungsvermögen, so genannte Empathie, ausgerichtet. Baron-Cohen bezeichnet das als Gehirntyp E. Männer wollen die Welt eher systematisch begreifen und fallen entsprechend in die Kategorie Gehirntyp S. Systematisches bzw. einfühlsames Vorgehen sind demnach zwei völlig unterschiedliche Vorgehensweisen. Diese Unterschiede werden sowohl durch soziale als auch durch biologische Faktoren bedingt. Aber es gibt auch zahlreiche Nachweise, dass persönliche Erfahrungen die Hirnstruktur verändern und umformen können. „Die Beschreibung von grundlegenden Unterschieden im Denken von Mann und Frau könnte jedoch dazu beitragen, dass wir Unterschieden mit größerem Respekt und wachsender Akzeptanz begegnen", so Baron-Cohen. Und auf diese Weise vielleicht auch immer besser verstehen, warum Männer manches anders machen als Frauen – und umgekehrt.

Der Hirnforscher Gerhard Roth kommt anhand von Forschungsergebnissen zu dem Schluss, dass die Persönlichkeit zu vierzig bis fünfzig Prozent genetisch festgelegt ist – im Alter von null bis fünf Jahren gehen dreißig bis vierzig Prozent auf das Konto von Prägungs- und Erlebnisprozessen. Mit etwa zwanzig bis dreißig Prozent beziffert er die Möglichkeit der Einflussnahme durch elterliche und schulische Erziehung.[4] Roth: „Allgemein scheint zu gelten, dass eine Person in ihrer Persönlichkeit eher ‚ausreift', als dass sie sich aufgrund von Umwelterfahrungen in ihrem Kern ändert, und dass sie sich eher die Umwelt sucht (bzw. einrichtet), die zu ihr emotional passt, als dass sie sich an eine Umwelt anpasst."

Kultur und Gesellschaft spielen eine Rolle

Andere Experten, die der Frage nachgingen, worin der Unterschied zwischen Mädchen und Jungen, Männern und Frauen liegt, gehen davon aus, dass die morphologischen Geschlechtsunterschiede des Gehirns ausschlaggebend sind für unterschiedliche Verhaltensweisen.[5] Dazu gehören das Gefühl, ein Mann oder eine Frau zu sein, die Identifikation mit dem eigenen männlichen oder weiblichen Körper, die Entwicklung einer männlichen oder weiblichen Geschlechtsrolle, die wiederum durch Kultur, Gesellschaft und auch Gesetz definiert ist. Wodurch die Geschlechtsunterschiede der Gehirnstrukturen zustande kommen, ob durch Gene oder Hormone, ist noch nicht geklärt.

Als Fazit für die Praxis bleibt die Zusammenfassung dieser Untersuchung: Entwicklung und Verhalten von Männern und Frauen sind von den Genen festgelegt, von Hormonen beeinflusst – und auch in großem Maße von sozialen und kulturellen Faktoren.

Zauberwort Gender Mainstreaming:

„Frauen werden anders krank als Männer. Damit Krankheiten zukünftig besser erforscht und behandelt werden können, müssen Daten zukünftig verstärkt geschlechtsdifferenziert erhoben werden", so der Frauengesundheitsbericht des Bundesministeriums für Familie, Senioren, Frauen und Jugend (BMFSJ). Immerhin scheint ein Anfang gemacht, dass Geschlechtsunterschiede in der Medizin immer mehr ins Blickfeld rücken und entsprechende Konsequenzen gezogen werden. Das Zauberwort der Politik heißt Gender Mainstreaming. Und bedeutet nichts anderes, als dass Frauen und Männer bei allen Tätigkeiten gleichgestellt werden sollen.

Politiker haben erkannt, dass die Geschlechterfrage ein wesentliches Kriterium bei der Lösung sozialer, wirtschaftlicher und politischer Probleme ist. Am 1. Mai 1999 wurde dies sogar amtlich – in Artikel 2 und 3 (Gleichheit zwischen Frauen und Männern), Absatz 2 des Vertrags von Amsterdam – und bindend für die Staaten der Europäischen Union. „Gender Mainstreaming ist die (Re)organisation, Verbesserung, Entwicklung und Evaluierung grundsatzpolitischer Prozesse, mit dem Ziel, eine geschlechterbezogene Sichtweise in alle politischen Konzepte auf allen Ebenen und in allen Phasen durch alle normalerweise an politischen Entscheidungen beteiligten Akteure einzubringen." Diesen Satz muss man schon zweimal lesen, um genau zu verstehen, was die Politiker eigentlich damit sagen wollen. Im Gesundheitswesen heißt das konkret und auf den Punkt gebracht: Frauen brauchen eine andere Medizin.

Weitere Informationen zum Thema Gender Mainstreaming finden sich im Internet unter: www.gender-mainstreaming.net, www.genderkompetenz.info und www.bzga.de/frauengesundheit.

Frauenherzen schlagen anders

Zwei Beispiele sollen diese Unterschiede verdeutlichen: Bisher galt die Magersucht als Frauen- oder Mädchenkrankheit. Tatsache ist aber, dass auch immer häufiger Jungen erkranken. Die Krankheitsverläufe sind oft schwerer, weil männliche Betroffene erst spät ärztliche Unterstützung suchen. Im Rahmen von Gender Mainstreaming sollen für Jungen geeignete Strategien gegen Magersucht entwickelt werden. Zweites Beispiel: der Herzinfarkt. Der wird nämlich eher als Männerkrankheit eingestuft. So waren in der Vergangenheit mögliche Therapien und die Suche nach den Ursachen mehr an Männern orientiert. Da Frauen zum Teil andere Symptome zeigen, wurden ihre Herzinfarkte oft nicht rechtzeitig erkannt und behandelt. Neuere, mit Frauen durchgeführte Studien zeigen beispielsweise, dass sie durch Aspirin weniger gut als Männer vor Herzinfarkt geschützt sind.[6]

Gesundheit: eine Frage des Geschlechts

Frauen und Männer definieren Gesundheit unterschiedlich. Das weibliche Geschlecht verbindet Gesundheit eher mit Wohlbefinden und Körpererleben: sich etwas Gutes tun, sich wohl fühlen. Männer fühlen sich schon gesund, wenn sie nicht krank und beruflich voll leistungsfähig sind. Aber es gibt noch andere Unterschiede, wie die Bundeskoordination Frauengesundheit treffend zusammengestellt hat:[7]

Frauen sind im Allgemeinen gesundheitsbewusster als Männer

- Sie verhalten sich im Haushalt, am Arbeitsplatz und im Verkehr weniger riskant.
- Sie können Krankheitssymptome eher deuten und suchen schneller einen Arzt auf.
- Sie kümmern sich um das gesundheitliche Wohl der Familienmitglieder.

Frauen werden anders behandelt als Männer

- Sie müssen doppelt so oft zum Arzt gehen, damit ihre Symptome ernst genommen werden.
- Ihre Beschwerden werden eher als psychosomatisch interpretiert.
- Ärztinnen und Ärzte diagnostizieren bei Frauen schneller psychische Störungen, zum Beispiel Depressionen.
- Sie bekommen häufiger und mehr Beruhigungs-, Schlaf- oder Schmerzmittel oder Antidepressiva verordnet.

Psychische Störungen äußern sich bei Frauen anders

- Depressionen, Angststörungen, Essstörungen, körperbezogene Störungen und Somatisierungsstörungen finden sich in Studien bei Frauen häufiger, Alkohol- und Drogen-

probleme und so genanntes antisoziales Verhalten häufiger bei Männern. Psychosen kommen bei beiden Geschlechtern gleich häufig vor.
- Frauen nehmen mehr therapeutische Hilfe in Anspruch.

Die Rolle der Geschlechtshormone

Echte Geschlechtsunterschiede bei psychischen Erkrankungen sind meist von vielen Faktoren beeinflusst. Diese multifaktorielle Betrachtung ist inzwischen allgemein akzeptiert.

Noch in der Vorpubertät, zwischen elf und 15 Jahren, sind Jungen und Mädchen etwa gleich häufig von Depressionen betroffen, Jungen sogar geringfügig mehr.[8] Mit 15 Jahren überwiegt der Anteil der Mädchen deutlich, das setzt sich in den nächsten Jahren fort. Fachleute sprechen von dem Alter, in dem „die Depression weiblich wird" und in dem erstmals Unzufriedenheit mit dem eigenen Aussehen und Essstörungen auftreten.[9] Sicherlich spielen dabei auch die weiblichen Hormone eine besondere Rolle: Sie beeinflussen unsere Stimmung und die Art und Weise, wie unser Gehirn funktioniert. Gesteuert wird der Hormoncocktail vom Hypothalamus. Diese Hirnanhangsdrüse hat Rezeptoren, also Stationen zum Andocken, für Noradrenalin, Dopamin und Serotonin; für Botenstoffe also, die unsere Stimmung regulieren und die von unseren Gedanken und Überzeugungen, von der Ernährung und der Umwelt beeinflusst werden. Ist das Gleichgewicht dieser Botenstoffe gestört, kann sich eine Depression entwickeln.

Aktuelle Studien zeigen, dass in der Mehrzahl Frauen jüngeren Alters gefährdet sind, an einer Depression zu erkranken. Häufig leben sie getrennt, sind geschieden und mit der Erziehung von Kindern unter sechs Jahren beschäftigt.[10] Frauen, die keine oder wenige soziale Kontakte haben, sind ebenfalls häufiger betroffen. Für Männer hingegen scheinen reduzierte Kontakte und schwierige zwischenmenschliche Beziehungen keine Risikofaktoren für eine Depression zu sein.

Es muss weiter geforscht werden

Interessant ist die biologische Hypothese.[11] Sie geht davon aus, dass Männer und Frauen unterschiedliche Symptome entwickeln und begründet dies unter anderem mit der größeren Angstbereitschaft des weiblichen Geschlechts – ein Fortpflanzungsvorteil. Schließlich bringt die Frau die Kinder zur Welt, versorgt diese in den ersten Jahren und muss wachsam und vorsichtig sein, um Gefahren abzuwenden. Aber Angstanfälligkeit beeinträchtigt auf der anderen Seite auch das Selbstwertgefühl und macht anfällig für Depressionen. Die Forschung ist auch zu diesen Fragestellungen noch in den Anfängen.

Ende 2003 wurde in Berlin an der Charité das erste deutsche „Zentrum für Geschlechterforschung in der Medizin" eingeweiht. Unter anderem werden biologische Grundlagen für Geschlechterunterschiede bei Gesundheit und Krankheit erforscht. Man geht der Frage nach, warum bestimmte Erkrankungen bei Mann und Frau unterschiedlich verlaufen und wie sie am besten therapiert werden. Die Ärzte haben dabei auch das Thema Depressionen auf ihrem Forschungsplan.

Zum Schluss aber noch eine weitere gute Nachricht: Trotz vieler Nachteile möchten 69 Prozent aller Frauen im nächsten Leben wieder als Frau auf die Welt kommen, so eine Umfrage der Zeitschrift GEO. Dem ist eigentlich nichts hinzuzufügen.

Teil I: Wenn Frauen Hilfe brauchen

Schwangerschaft: Zeit der Veränderungen

Schwangerschaft, Geburt und die ersten Monate als Mutter stellen besondere Entwicklungsaufgaben für eine Frau dar. In diesen Zeiten ist sie besonders anfällig für depressive Verstimmungen. Auch andere psychische Probleme sind nicht selten. Diese können nach dem ersten, zweiten, dritten oder vierten Kind auftreten, einmalig sein oder sich in der nächsten Schwangerschaft wiederholen. Viele Faktoren spielen bei der Entstehung psychischer Krisen eine Rolle. Leider gibt es keinen Schutz gegen den Seelensturz. Aber es ist für betroffene Frauen hilfreich und eine große Erleichterung zu wissen, dass sie mit ihren Problemen nicht allein sind und dass es gute Behandlungsmöglichkeiten gibt.

Viele Frauen können sich noch Jahre später genau an den Zeitpunkt und oft sogar an die Gefühle erinnern: Die Menstruation bleibt aus. Der Schwangerschaftsteststreifen verfärbt sich. Wer unsicher ist, sucht noch die letzte Bestätigung bei der Frauenärztin. Jaaaaa! Alle Zeichen stehen auf Schwangerschaft. Es stimmt! Neues Leben hat sich im Körper eingenistet. Dieser kleine Punkt auf dem Ultraschall? Kaum vorstellbar, aber die Tatsachen sprechen für sich. Freude, Skepsis, Unsicherheit, Verzweiflung. Petra, 28, weiß noch genau, wie sehr sie sich gefreut, wie sie gejubelt hat: Endlich schwanger. Das hatten sie und ihr Mann Peter sich sehnlichst gewünscht. Ganz anders Claudia, 23: Sie war von ihrer Schwangerschaft völlig überrascht, hatte nicht damit gerechnet, wollte eigentlich erst die Ausbildung abschließen, um dann die Familienplanung in Angriff zu nehmen. Anna, 32, ist geschockt und unsicher, sie hat doch ihren Freund erst vor drei Monaten kennen gelernt. Drei Frauen. Drei unterschiedliche Lebenssituationen. Drei unterschiedliche Reaktionen.

Glücklicherweise hat Mutter Natur viele Monate eingerichtet, in denen Frauen (und Partner) sich auf die neue Situation einstellen können. Ein ganzes Bündel an Gefühlen und Gedanken macht sich breit, verändert sich im Laufe der Zeit immer wieder. Die Frauen, die ihr erstes Kind erwarten, arbeiten, falls es keine Komplikationen gibt, während der Schwangerschaft meist in ihrem Beruf weiter, treffen Freundinnen, pflegen ihre sozialen Kontakte. Selbstverständlich drehen sich viele Gedanken um den Nachwuchs, aber so richtig vorstellen kann man sich das Leben mit einem Säugling eigentlich noch nicht. Nicht selten malen sich die werdenden Mütter die Zukunft mit dem Säugling (nur) rosarot aus. Das Nest wird gebaut.

Auch im Körper stehen alle Zeichen auf Veränderung: Ohne im Einzelnen auf die biologischen Details einzugehen, ist es wichtig zu wissen: Schon innerhalb von ein paar Stunden nach der Empfängnis steigen die Hormone Östrogen und Progesteron an, andere kommen noch dazu – wie das HCG (Choriongonadotropin), das die Bildung der Plazenta (Mutterkuchen) unterstützt. Im Laufe der ersten Wochen bildet die Hypophyse (Hirnanhangdrüse) außerdem das Hormon Prolaktin, das die Brüste auf das Stillen vorbereitet. Auch in vielen anderen Organen im Körper der Frau gibt es Veränderungen – alles bereitet sich auf das werdende Leben vor. Auch hier wird das Nest gebaut.

Vier-Phasen-Modell: 40 Wochen im Überblick

Das (idealtypische) Modell von Gabriele Gloger-Tippelt teilt die Schwangerschaft in vier Phasen:[1] Der Busen wächst, tut manchmal weh. Der einen Frau ist ständig übel, die andere ist nur noch müde und möchte ständig auf dem Sofa liegen. Dazu noch die Termine bei der Frauenärztin und die Überlegungen: Will ich eigentlich alle Tests machen lassen? In der so genannten **Verunsicherungsphase** (bis zur 12. Schwangerschaftswoche) beschäftigen sich die werdenden Mütter emotional und gedanklich mit der Schwangerschaft, sprechen mit Freundinnen und anderen weiblichen Personen über körperliche Veränderungen, registrieren sie bei sich selbst und informieren sich in Zeitschriften und Büchern über die neue Lebensphase. Oft sind die Frauen verunsichert, welche Möglichkeiten der vorgeburtlichen Diagnostik sie nutzen sollen: Amniozentese, Chorionzottenbiopsie, Alpha-Feto-Protein-Bestimmung, Triple-Test, Fish-Technik, Nackenfaltenuntersuchung, Vermessung des Nasenbeins beim Fötus? In den vergangenen zwei Jahrzehnten hat sich die Zahl der Vorsorgeuntersuchungen in der Schwangerschaft verfünffacht. Leider bleibt für ausreichende Aufklärung und auch für mögliche Ängste im Gespräch mit den Ärzten meist wenig Zeit. Dabei sollte man auch bedenken: Die Methoden der pränatalen Diagnostik sind nicht unfehlbar. Tatsache ist: Beinahe jeder zweite Triple-Test, ein Bluttest zwischen der 15. und 18. Woche, der außer dem Down-Syndrom noch den offenen Rücken sichtbar machen soll, schlägt falschen Alarm. Was alle Frauen bei den Diagnostikmethoden haben, ist Angst. Vor allem beim Warten auf das, was das Testergebnis zutage fördert. Was passiert, wenn das Kind nicht gesund ist?

Der Volksmund sagt: Die ersten drei Monate abwarten und dann von der Schwangerschaft erzählen. Denn vorher kann immer etwas passieren. So schweigen manche Frauen, bis sie in der 12. bis 14. Woche die Messung der Nackenfaltentransparenz hinter sich haben und schwere Behinderungen ausschließen können. Endlich ist es soweit, die kritische Anfangszeit ist überstanden. Juchu, das Ei hat sich eingenistet. Die 12. bis ca. 20. Schwangerschaftswoche wird als **Anpassungsphase** bezeichnet: Viele Frauen atmen erst jetzt erleichtert auf, freuen sich richtig und können sich – wenn die anfängliche Übelkeit vorbei ist und keine körperlichen Probleme auftreten – voll und ganz auf den zu erwartenden Nachwuchs einlassen und die Schwangerschaft genießen.

Eine leichte Bewegung ist zu spüren. Da klopft doch was. Ein tolles Gefühl, wenn die Schwangere das erste Mal Leben in ihrem Bauch spürt. Nicht selten kommt es vor, dass die anfänglichen Signale gar nicht als solche registriert werden, weil sie noch so zart sind. Diese so genannte **Konkretisierungsphase** (20. bis ca. 32. Schwangerschaftswoche) ist eine ganz wichtige Zeit. Der Bauch der schwangeren Frau zeigt auch nach außen eine Einheit zwischen Mutter und Kind. Die Beziehung der beiden wächst zunehmend, sie reagieren aufeinander, entwickeln einen gemeinsamen Rhythmus, der beiden Sicherheit gibt. Kaum zu glauben, aber wahr: Schon in den Köpfen kleiner Mädchen entstehen Phantasien übers Kinderkriegen. Jetzt werden sie Realität. In dieser Konkretisierungsphase entwickelt die Frau immer genauere Vorstellungen von ihrem zukünftigen Kind, von sich selbst als Mutter und von der Rolle des Partners.

Noch acht Wochen! Noch so lange mit dem dicken Bauch! Wird die Geburt sehr schmerzhaft sein? Hoffentlich ist mein Kind gesund! Die so genannte **Antizipations- und Vorbereitungsphase** (ca. 32. bis 40. Schwangerschaftswoche) schließt die Schwangerschaft ab. Die körperlichen Beschwerden nehmen wieder zu; das Warten wird lang, die Neugier auf das Kind wächst. Ängste, z. B. über den Geburtsverlauf oder mögliche Behinderungen des Kindes, nehmen zu. Auch Todesängste, Angst, allein gelassen zu werden, und Furcht vor ärztlichen Maßnahmen werden berichtet. Daran ändern auch die medizinisch verbesserten Möglichkeiten nichts. Kein Grund zur Sorge, das ist völlig normal, sagen Experten. Sie finden es eher bedenklich, wenn Hochschwangere gar keine Befürchtungen haben.

Vorgeburtliche Tests ja oder nein? Probleme mit dem Untersuchungsergebnis? In vielen Städten gibt es genetische Beratungsstellen. Adressen und Telefonnummern sind beispielsweise erhältlich beim Berufsverband Deutscher Humangenetiker, Goethestr. 29, 80336 München, Tel. 089-55 02 78 55, www.bvmedgen.de oder bei ISIS-Zentrum für Schwangerschaft, Geburt und Elternschaft, Groner-Tor-Str. 12, 37073 Göttingen, Tel. 0551-48 58 28, www.isis-goettingen.de. Weitere Infos bei der Cara-Beratungsstelle zur vorgeburtlichen Diagnostik, Große Johannisstr. 110, 28199 Bremen, Tel. 0421-59 11 54, www.cara-beratungsstelle.de.

Ängste in der Schwangerschaft

Die Zeit der Schwangerschaft ist nicht nur eitel Freude und Sonnenschein. Bis zu 79 Prozent der werdenden Mütter berichten zu irgendeinem Zeitpunkt von depressiven Symptomen, besonders häufig in den ersten Wochen und Monaten: Sie können schlecht schlafen, sind ständig müde, haben zu nichts mehr Lust, können sich nicht konzentrieren, machen sich Sorgen. Eigene Ängste aus der Kindheit können hochkommen. Dazu jede Menge Fragen, auf die es noch keine Antworten gibt. Wird das Baby gesund sein? Werde ich eine gute Mutter sein? Wie verändert sich die Beziehung zum Partner? Was werden die Freundinnen sagen? Auch Aggressionen gegenüber dem Ungeborenen sind nichts Ungewöhnliches. Und zwar auch bei Frauen, die sich das Kind sehnlichst gewünscht haben. Leider gestehen sich die wenigsten Schwangeren diese negativen Gefühle ein, haben vielmehr ein schlechtes Gewissen und schieben alles beiseite. Das ist (wie auch sonst im Leben) keine gute Lösung. Besser ist es, mit der Frauenärztin darüber zu sprechen. Oft genug nimmt das allein schon den Druck und hilft, mit der Situation besser zurechtzukommen. Manchen Frauen fällt es einfach schwer, die neue Lebensphase anzunehmen, sie sind unsicher, ob sie die neue Rolle als Mutter erfüllen können. Hinzu kommt, dass sich gerade beim ersten Kind für die Frau das komplette Leben ändert: der Beruf, die Kollegen, das soziale Leben – alles muss neu geordnet werden. Das kann verständlicherweise Angst machen.

Neben leichten depressiven Verstimmungen und Angstsymptomen werden auch schwere Depressionen und Psychosen beobachtet. Panikattacken, Gewichtsverlust, Appetitlosigkeit, Schlafstörungen: Was ist zu tun, wenn die Schwangerschaft geprägt ist von solchen Zuständen? Wenn jeder Tag eine Qual ist? Immerhin leiden zehn Prozent der schwangeren Frauen an klinisch relevanten depressiven Störungen[2], sollten also behandelt werden. Lange gingen Fachleute davon aus, dass die Schwangerschaft aufgrund der hormonellen Umstellungen vor Depressionen schützt. Neuere Untersuchungen zeigen allerdings, dass dies nicht der Fall ist. Meist sind Frauen betroffen, die schon vorher Depressionen hatten oder bei denen die Erkrankung in der Familie liegt. Was ist zu tun? An erster Stelle steht das Gespräch mit der Frauenärztin. Dann muss die Schwangere gründlich untersucht werden, damit körperliche Erkrankungen wie beispielsweise eine Über- oder Unterfunktion der Schilddrüse, ein Diabetes oder Anämie als Ursache ausgeschlossen werden können.

Depressive Verstimmungen behandeln

Bei depressiven Verstimmungen der Schwangeren sind Partner und Freunde gefragt. Denn Frauen finden in dieser Verfassung selten allein den Weg zum Arzt, um über ihre Ängste und Sorgen zu sprechen und gemeinsam zu überlegen, welche Unterstützung die richtige ist. Dabei kann es verheerende Folgen für Mutter und Kind haben, wenn die Frau sich immer weiter zurückzieht und unter Umständen sogar zu Nikotin oder Alkohol greift. In der Praxis hat sich gezeigt, dass in vielen Fällen Gespräche mit einem Psychotherapeuten ausreichen: Sie verschaffen Entlastung. Ängste, Befürchtungen und Probleme können dort offen ausgesprochen und angeschaut werden. Manchmal muss man abwägen, ob auch ein Medikament sinnvoll ist. Mittlerweile gibt es Antidepressiva, die keine relevanten Nebenwirkungen haben und bei denen keine Spätfolgen für das Kind zu erwarten sind.[3] Empfohlen wird in solchen Fällen, dass rechtzeitig vor der Entbindung die Dosis des Medikaments reduziert bzw. das Antidepressivum ganz abgesetzt wird, um den Stoffwechsel des Säuglings nicht zu überfordern. Manchmal treten Entzugssymptome beim Neugeborenen auf, sie verschwinden aber in der Regel nach ein paar Tagen.

Es kann nicht oft genug betont werden, dass Antidepressiva nicht süchtig machen und keine Persönlichkeitsveränderungen bewirken, sondern das biochemische Gleichgewicht im Gehirn wiederherstellen. Da sie der Gruppe der Psychopharmaka zugeordnet sind, liegt die Vermutung nahe, dass es sich um Beruhigungsmittel handelt, die abhängig machen. Das stimmt aber nicht. Diese Information gehört zu der wichtigsten im Zusammenhang mit der medikamentösen Behandlung von Depressionen: Viele Ängste und Befürchtungen sind daher unnötig.

Immer geht es darum, im Einzelfall Risiken und Nutzen einer Behandlung mit Antidepressiva abzuwägen – für Mutter und Kind. Wichtig ist es auch, mit den Patientinnen und ihren Partnern und Familien in aller Ruhe über das Für und Wider zu sprechen. Vor allem die älteren Medikamente, die trizyklischen Antidepressiva, können mit guter Sicherheit in der Schwangerschaft eingesetzt werden und zeigen keine bedeutenden Fehlbildungen bei Neugeborenen.[4] Sowohl in der Schwangerschaft als auch in der Stillzeit gilt: Wenn die Frau zur Behandlung ihrer depressiven Verstimmungen Antidepressiva einnimmt, gelangen geringe Konzentrationen über die Plazenta bzw. die Muttermilch zum Kind und können (!) Nebenwirkungen auslösen.[5] Das Kind trinkt in jedem Fall mit. Wenn eine Entscheidung über die Einnahme eines Antidepressivums ansteht, braucht die Betroffene eine gute ärztliche Beratung und Unterstützung – vor allem im Hinblick auf ihr schlechtes Gewissen. Außerdem müssen Mutter und Kind ständig medizinisch kontrolliert werden.

Kleine Medikamentenkunde: Beratung bringt Sicherheit

Mittlerweile sind viele verschiedene Antidepressiva mit unterschiedlichen chemischen Wirkstoffen und Nebenwirkungen erhältlich. Nur ein Facharzt kann entscheiden, bei welchen Symptomen welche Behandlung am besten geeignet ist. Glücklicherweise hat die pharmakologische Forschung in den letzten Jahren Fortschritte gemacht. Die meisten trizyklischen Antidepressiva, aber auch viele Serotonin-Wiederaufnahmehemmer (SSRI), so Fachleute, können mit relativer Sicherheit verordnet werden.

Eine ganz wichtige Anlaufstelle ist die Medikamentenberatung in Schwangerschaft und Stillzeit. Dr. med. Wolfgang E. Paulus ist Leiter des Instituts für Reproduktionstoxikologie am Krankenhaus St. Elisabeth in Ravensburg, einem Lehrkrankenhaus der Universität Ulm. Er berät mit Hilfe von EDV-gestützten nationalen und internationalen Datenbanken seit mehr als zehn Jahren Patientinnen, Ärzte, Apotheker und Hebammen über die unterschiedlichen Medikamente und Schadstoffe in Schwangerschaft und Stillzeit. Die Ergebnisse aller relevanten Tierversuche, verschiedener Studien beim Menschen und der an das Institut gerichteten Einzelanfragen (siehe Anfragebogen im Anhang, S. 179) über Schwangerschaftsverlauf und -ausgang werden ausgewertet und dokumentiert. Da aus ethischen Gründen keine klinischen Studien mit Schwangeren durchgeführt werden, ist man auf die relativ langwierige und mühsame Sammlung zufälliger Einzelfallbeobachtungen in der Schwangerschaft angewiesen.

Leider ist die Einrichtung „aufgrund knapper Ressourcen im Gesundheitswesen existenziell bedroht. Umfangreichere Anwendungsbeobachtungen in der Schwangerschaft sind für die Industrie ökonomisch uninteressant. Ob die Betroffenen über die kurze Phase der Schwangerschaft ein Präparat einnehmen oder nicht, ändert wenig am Umsatz des Unternehmens“, erklärt Dr. Paulus.

Aus der Gruppe der Antidepressiva liegen in Ravensburg Auswertungen für die meisten Präparate vor. Dr. Paulus fasst die Ergebnisse der Wirkstoffe (in Klammern die entsprechenden Handelsnamen) jeweils in einer Kernaussage zusammen. Die Formulierung „unter strenger Indikationsstellung“ bedeutet, dass die Erfahrungen mit dem Medikament in der Schwangerschaft zu gering sind, um ein erhöhtes Risiko ausschließen zu können. Dann muss man eine eingehende und relativ strenge Abwägung von Nutzen und möglichen Risiken durchführen.

„Nur wenn erprobtere Alternativen versagen, kann man ein in nur wenigen Fällen dokumentiertes Präparat akzeptieren", so Dr. Paulus.

- **Trizyklische Antidepressiva**
  „Sie gelten als Mittel der Wahl zur Behandlung von Depressionen in der Schwangerschaft. Da sich diese Präparate schon relativ lange auf dem Markt befinden, liegen hier meist mehr Erfahrungen über Anwendungen in der Schwangerschaft vor. Nachuntersuchungen im Vorschulalter haben gezeigt, dass die Kinder, deren Mütter vor der Geburt trizyklische Antidepressiva genommen haben, im Vergleich mit einer Kontrollgruppe keine Abweichungen hinsichtlich Intelligenzentwicklung, Verhalten und Sprachvermögen zeigen. Anzustreben ist eine Therapie mit lange eingeführten Wirkstoffen wie Amitryptilin, Desipramin, Imipramin oder Nortriptylin. Symptome wie Zittern, Atem- und Herzrhythmusstörungen oder Trinkschwäche können beim Neugeborenen auftreten, legen sich aber in der Regel nach ein paar Tagen."

  Amitriptylin (Saroten): „Eine möglichst niedrig dosierte Therapie ist in der Schwangerschaft bei entsprechender Indikation vertretbar."
  Clomipramin (Anafranil, Hydiphen): „Ein erhöhtes Fehlbildungsrisiko ist aufgrund der aktuellen Datenlage nicht anzunehmen. Wegen möglicher Anpassungsstörungen wäre eine Entbindung in einer Klinik mit pädiatrischer Abteilung empfehlenswert."
  Desipramin (Pertofran): „Eine moderat dosierte Therapie ist in der Schwangerschaft bei entsprechender Indikation vertretbar."
  Dibenzepin (Noveril): „Von einem Einsatz in der Schwangerschaft sollte abgesehen werden."
  Doxepin (Aponal, Sinquan): „Eine Anwendung in der Schwangerschaft erscheint unter strenger Indikationsstellung akzeptabel."

Imipramin (Tofranil, Pryleugan): „Eine Anwendung in der Schwangerschaft erscheint unter strenger Indikationsstellung akzeptabel."
Nortriptylin (Nortrilen): „Dabei handelt es sich um ein Abbauprodukt von Amitryptilin. Es ist genauso einzuordnen."
Trimipramin (Stangyl, Herphonal): „Ein erhöhtes Fehlbildungsrisiko ist nach den vorliegenden Daten nicht zu erwarten."
Lofepramin (Gamonil): „Es liegen bislang keine veröffentlichten Fallbeobachtungen in der Schwangerschaft vor. Eine Anwendung sollte daher in der Schwangerschaft möglichst unterbleiben."

- **Selektive Noradrenalin-Wiederaufnahmehemmer (NARI)**
Reboxetin (Edronax): „Von einer gezielten Medikation in der Schwangerschaft ist angesichts der geringen Erfahrungen abzuraten."

- **Selektive Serotonin-Wiederaufnahmehemmer (SSRI)**
Citalopram (Cipramil, Sepram): „Der Einsatz erscheint unter strenger Indikationsstellung akzeptabel."
Fluoxetin (Fluctin – das Mittel, das in den USA und darüber hinaus unter dem Namen „Prozac" bekannt ist): „Der Einsatz erscheint unter strenger Indikationsstellung akzeptabel."
Paroxetin (Seroxat, Tagonis): „Keine Häufung von Anomalien."
Sertralin (Gladem, Zoloft): „Der Einsatz erscheint unter strenger Indikationsstellung akzeptabel."
Fluvoxamin (Fevarin): „Der Einsatz erscheint unter strenger Indikationsstellung akzeptabel."

- **Tetrazyklische Antidepressiva**
Maprotilin (Ludiomil, Deprilept): „Eine Anwendung in der Schwangerschaft erscheint unter sorgfältiger Risiko-Nutzen-Abwägung akzeptabel."

Mianserin (Tolvin): „Ein erhöhtes Fehlbildungsrisiko ist auf der Grundlage der aktuellen Daten nicht zu erkennen. Allerdings liegen für Wirkstoffe wie Amitryptilin oder auch die neueren Fluoxetin oder Citalopram deutlich größere Erfahrungen in der Schwangerschaft vor."

- **Andere Antidepressiva**
  Mirtazepin (Remergil): „Erfahrungen in der menschlichen Schwangerschaft liegen kaum vor. Von einer gezielten Anwendung sollte daher abgesehen werden."
  Nefazodon (Nedadar): „Eine Anwendung in der Schwangerschaft sollte möglichst unterbleiben."
  Trazodon (Thombran): „Bei circa 125 dokumentierten Schwangerschaften zeigt sich bislang kein Anstieg der Fehlbildungsrate."
  Venlafaxin (Trevilor): „Erprobtere Antidepressiva wie Amitryptilin, Fluoxetin oder Citalopram wären in der Schwangerschaft grundsätzlich vorzuziehen."

- **MAO- (Mono-Amino-Oxidase)-Hemmer**
  Moclobemid (Aurorix): „Von einer gezielten Medikation in der Schwangerschaft ist angesichts der geringen Erfahrungen abzuraten."
  Tranylcypromin (Jatrosom): „Angesichts geringer Erfahrungen kann die Anwendung in der Schwangerschaft nicht empfohlen werden."

In einer Studie wurden schwangere Frauen mit depressiven Störungen untersucht, die ein trizyklisches Antidepressivum oder den Serotonin-Wiederaufnahmehemmer (SSRI) Fluoxetin bekamen, sowie psychisch gesunde schwangere Frauen ohne entsprechendes Medikament: Es fanden sich keine Unterschiede in Bezug auf Fehlbildungen, Intelligenzentwicklung oder Komplikationen nach der Geburt. Für neuere Antidepressiva wie beispielsweise Venlafaxin, Mirtazepin, Nefazodon oder Reboxetin liegen allerdings noch keine entsprechenden Daten vor.[6]

„Grundsätzlich sind Präparate mit langjähriger Markterprobung vorzuziehen. Unter den trizyklischen Antidepressiva wäre z. B. Amitryptilin zu nennen. Unter den neueren SSRI liegen mehrere hundert Beobachtungen zu Citalopram und Fluoxetin in der Schwangerschaft vor", erklärt Experte Dr. Paulus. Er gibt allerdings zu bedenken, dass sich durch aktuelle Auswertungen und Veröffentlichungen die Sachlage von Jahr zu Jahr ändern kann. Außerdem müssen auch die individuellen Vorerfahrungen der Patientin – z. B. mit anderen Antidepressiva in der Vorgeschichte – berücksichtigt werden. „Daher geben wir Empfehlungen möglichst in Abstimmung mit dem jeweiligen Facharzt vor Ort."

Weitere Informationen zur medikamentösen Behandlung in der Schwangerschaft und Stillzeit unter www.frauenundpsychiatrie.de und auch unter www.reprotex.de.

Die Geburt ist nicht ein augenblickliches Ereignis,
sondern ein dauernder Vorgang.

Erich Fromm

Mythos der glücklichen Geburt: Nicht immer läuft alles nach Plan

Jede Entbindung verläuft anders und wird anders erlebt. Aber fest steht: Die Geburt eines Kindes markiert einen ganz entscheidenden Wendepunkt im Leben. In den Erzählungen anderer Frauen ist sie oft, vor allem im Rückblick, ein beglückendes, ein unbeschreibliches Ereignis, das man nie in seinem Leben vergisst. Dabei sind psychische Probleme rund um die Geburt keine Seltenheit.

Auch das schönste Entbindungszimmer und die modernsten Geburtsmethoden können nicht verhindern, dass die Geburt eine schmerzhafte, auch mit Angst verknüpfte Trennung von Mutter und Kind ist. In den meisten Geburtsvorbereitungskursen wird dieser Aspekt leider nicht oder nur am Rande besprochen, so dass manche Frauen in Panik geraten, wenn nicht alles nach Plan verläuft, unter Umständen statt der erwarteten spontanen Geburt ein Kaiserschnitt nötig ist.

Tabuthema: psychische Probleme

Sicherlich sollte man die Schwangeren nicht unnötig ängstigen, aber ein gewisses Maß an Aufklärung über die Geburt und auch die Zeit danach wäre wünschenswert. „Eigentlich hat eine Frau nach der Geburt eines gesunden Kindes allen Grund, glücklich und zufrieden zu sein. Eigentlich. Doch viele Mütter erleben die Geburt traumatisch oder bekommen Depressionen, die Monate oder Jahre dauern können", so Dr. Carl-Ludwig von Ballestrem. Er ist Arzt und wissenschaftlicher Mitarbeiter an der Forschungsstelle für Psychotherapie in Stuttgart und Mitglied der Marcé Gesellschaft (www.marce-gesellschaft.de). Ein wichtiges Anliegen dieser internationalen Einrichtung: psychische Erkrankungen rund um die Geburt mehr ins öffentliche Bewusstsein zu bringen. „Dieses Thema ist in Deutschland leider noch sehr stark tabuisiert", weiß Dr. Ballestrem aus seiner täglichen Praxis mit Betroffenen.

Eine realitätsgerechtere Einstellung zur Geburt könnte die Geburtsbelastung reduzieren und das Erleben der Entbindung verbessern. Bei der bundesweiten Selbsthilfeorganisation Schatten & Licht – Krise nach der Geburt e.V. ist ein Informationsblatt für Geburtsvorbereitungskurse erhältlich, das kurz und knapp über psychische Krankheitsbilder nach der Geburt informiert (auch im Internet unter www.schatten-und-licht.de). Die Wochen und Monate nach einer Entbindung sind in einem Frauenleben immerhin der Abschnitt mit dem höchsten Risiko, an einer seelischen Störung zu erkranken[1]. Eigentlich kein Wunder, wenn man bedenkt, was für eine physische und psychische Höchstleistung eine Entbindung bedeutet.

Besonders gefährdet für depressive Störungen nach der Geburt sind Frauen, die früher schon einmal eine Depression hatten, wenig Unterstützung in der Familie und im sozialen Umfeld erfahren oder mehrere Kinder versorgen müssen. Eheprobleme und unerwünschte Schwangerschaften machen ebenso anfällig. Auch Frauen, die die Geburt als starke Belastung erlebten – unerträgliche Schmerzen, das Gefühl von Hilflosigkeit, Scham –, haben ein erhöhtes Risiko, im Wochenbett an emotionalen Störungen zu erkranken. Betroffene schildern, dass sie keine Kontrolle mehr über die Situation hatten und dass die Umgebung auf sie unbeteiligt, gefühllos und rücksichtslos gewirkt hat.[2] Andere haben Äußerungen wie „Jetzt machen Sie mal richtig mit" oder physische Übergriffe wie „grobes Anfassen" oder „auf das Bett drücken" stark belastet.[3]

Kaiserschnitt statt spontaner Entbindung

Wenn Schwangerschaft und Geburt nicht wie im Bilderbuch verlaufen, empfinden viele Frauen sich als unzulänglich. Marianne etwa hatte sich auf eine spontane Geburt gefreut. Sie war jede Woche mit ihrem Freund zum Vorbereitungskurs gegangen, um später alles richtig zu machen. Doch dann kam alles ganz anders, in letzter Minute wurde entschieden: Kaiserschnitt. Die Enttäuschung war groß, Marianne fühlte sich als Versagerin und hatte lange mit diesem Erlebnis zu kämpfen. Der erste Schrei, der erste Blickkontakt und das Gefühl des Babys auf ihrem Bauch – der Start ins Leben verlief für sie und ihren Säugling anders, als sie es sich ausgemalt und in einschlägigen Ratgebern gelesen hatte. Auch wenn sie vom Kopf her wusste, dass sie dankbar für ein gesundes Kind sein sollte, es Schlimmeres gibt und sie dem Ganzen nicht zu viel Bedeutung beimessen sollte: Sie hatte das Gefühl, schon bei der Geburt ihrem Kind keine gute Mutter zu sein. Derlei gespürte Enttäuschung und Versagensgefühle müssen in jedem Fall ernst genommen werden. Sie belasten die junge Mutter und auch ihre Beziehung zum Neugeborenen. Studienergebnisse zeigen, dass ungeplante operative Entbindungen wie Vakuumextraktion oder Notfallkaiserschnitt belastender sind als die Spontanentbindung und ein geplanter Kaiserschnitt.[4] Ausschlaggebend ist aber in jedem Fall das subjektive Empfinden der Gebärenden, in diesem Fall die Versagensgefühle von Marianne.

Geburten gehen nicht immer glücklich aus: Eine Frühgeburt, die Geburt eines behinderten Kindes, eine Fehlgeburt oder auch der Tod eines Neugeborenen können große Trauer auslösen, die zwar nichts mit einer Depression zu tun haben, aber in der Folge dazu führen können. In jedem Fall ist es wichtig, über das Geburtserlebnis mit der Hebamme oder der Frauenärztin sprechen zu können, um gegebenenfalls weitere unterstützende Gespräche in die Wege zu leiten.

Um klar zu sehen, genügt oft genug ein Wechsel der Blickrichtung.

Antoine de Saint-Exupéry

Nachwuchs ist da: Der neue Lebensrhythmus

Die Geburt eines Kindes, vor allem des ersten, stellt alles auf den Kopf. Jetzt steht ein neuer Mensch von A bis Z im Mittelpunkt. Auch wenn die Mutter sich immer wieder vorgestellt hat, wie es sein wird, ihr Baby im Arm zu halten: Erst wenn es auf der Welt ist, wird ihr richtig klar, dass dieses kleine Wesen völlig abhängig von ihr ist.

Die Schonzeit Schwangerschaft ist vorbei. Gerade in der Zeit, in der die Frau eigentlich ganz besonders viel Zuwendung und Unterstützung braucht, verliert sie ihren Sonderstatuts. Alle erwarten eine glückliche Mutter, die stolz und freudestrahlend ihr Neugeborenes präsentiert. Ob das Baby stundenlang schreit, die Mutter kaum Schlaf findet, ausgelaugt ist von der neuen Rund-um-die-Uhr-Verantwortung – danach fragt kaum jemand. Nicht ohne Grund waren früher auch die ersten Wochen nach der Geburt eine Zeit, in der jeder Rücksicht nahm auf Mutter und Kind. Frauen aus der Familie oder der Nachbarschaft kümmerten sich um sie, was Entlastung bedeutete.

In Deutschland hat in den ersten zehn Tagen nach der Geburt jede Mutter Anspruch auf die tägliche Unterstützung durch eine Hebamme. Trotzdem nehmen viele Frauen dieses Angebot nicht wirklich in Anspruch. Sie wollen alles allein schaffen. Der unerwartete Stimmungsumschwung, der nach der Entbindung so plötzlich auftreten und die gesamte Persönlichkeit verändern kann, trifft die meisten Mütter völlig unvorbereitet.

Auch bei der Frauenärztin ist nur eine Nachuntersuchung vorgesehen. Dabei brauchen Körper und Seele jetzt jede Menge Streicheleinheiten – schließlich haben sie Großartiges geleistet. Sie brauchen Zeit, um sich nach Schwangerschaft und Geburt zu erholen – das kann bis zu einem Jahr dauern. Eine gute Einteilung des ersten Jahres liefert das von Gabriele Glogauer-Tippelt entwickelte Phasenmodell: Danach folgt auf die Phase der **Überwältigung und Erschöpfung**, die vier bis acht Wochen dauert, die der **Umstellung** (ca. 2. bis 6. Monat nach der Geburt), gefolgt von der Phase der **Gewöhnung** (ca. 6. bis 12. Monat nach der Geburt).[1]

Mittags noch im Bademantel

„Alles eine Frage der Organisation“, dachte Silvia, 27, vor der Geburt. So wie sie in ihrem bisherigen Leben alles geregelt und gemanagt hatte, würde es schon weitergehen. Nur eben mit einem süßen Kind, das hinzugekommen war. Die Realität sah anders aus: Der kleine Philipp schläft nicht nach Plan, schreit viel, hat Koliken. Dazu klingelt ständig das Telefon: Freunde, Verwandte und Kollegen erkundigen sich nach dem Nachwuchs, wollen wissen, wie die Geburt verlaufen ist. Auch Überraschungsbesuche kommen beinahe täglich vor. Dazu die guten Ratschläge ihrer Mutter, die sich Sorgen um ihren Enkel macht. Schließlich ist es Silvias erstes Kind. Wie oft soll sie ihren Säugling wickeln? Sofort ins Zimmer laufen, wenn er schreit? Wie viele Bäuerchen sind genug? Mittags um zwölf Uhr ist sie immer noch im Bademantel. Das hätte die erfolgreiche Anzeigenverkäuferin nie gedacht. Andere Mütter hatte sie immer belächelt, wenn diese ihre Erfahrungen mit den Kindern austauschten. Alles eine Frage der Organisation – oder doch nicht?

Zeit für die Partnerschaft einplanen

Damit die Beziehung zum Partner nach der Geburt nicht auf der Strecke bleibt, hilft nur eins: im Gespräch bleiben. Über Sorgen, Ängste, kleine und große Kümmernisse reden. Der

Partnerschafts-Check gibt Anstöße für ein solches Gespräch. Jeder Elternteil füllt den Fragebogen allein für sich aus, anschließend werden die Antworten miteinander verglichen. Dabei kommt es nicht so sehr darauf an, einer Meinung zu sein. Ziel ist es vielmehr, über die möglichen unterschiedlichen Ansichten, Vorstellungen, Träume und Wünsche zu sprechen.

Partnerschafts-Check

	stimme zu	stimme nicht zu
1. Wenn eine Frau stillt, braucht sie sich um die Verhütung keine Gedanken zu machen.	☐	☐
2. Aufgrund der Hormonlage ist eine Frau nach Schwangerschaft und Geburt extremen Schwankungen ausgesetzt. Diese können zu bis dahin unbekannten Gefühlsausbrüchen führen.	☐	☐
3. Die Geburt eines Kindes ist das größte Glück eines Paares.	☐	☐
4. Nach der Geburt wird der Vater automatisch auf das Kind eifersüchtig, weil er nun die Liebe seiner Frau mit dem Kind teilen muss.	☐	☐
5. Möglichst schnell nach der Geburt sollte ein Paar wieder Geschlechtsverkehr (Koitus) haben.	☐	☐
6. Männer können ihre Männlichkeit durch Fürsorge wie etwa Wickeln, Füttern, Trösten des Babys unter Beweis stellen.	☐	☐

	stimme zu	stimme nicht zu
7. Die Großeltern sollte man in keinem Fall in Anspruch nehmen, um das Kind zu beaufsichtigen, da die Erziehung allein Aufgabe der Eltern ist.	☐	☐
8. Die Verantwortung für einen gepflegten und ordentlichen Haushalt (geputzte Fußböden, Aufräumen, Kochen usw.) ist auch nach der Geburt eine Selbstverständlichkeit für eine Frau.	☐	☐
9. Manchmal möchte ich mich von meinem Partner einfach gerne verwöhnen lassen.	☐	☐
10. Mit einer zweiten Schwangerschaft sollte man nicht zu lange warten.	☐	☐
11. Eine Frau wird ihren Mann noch mehr lieben, wenn er ihr in der Schwangerschaft und nach der Geburt viel körperliche Zuneigung, Zärtlichkeit und Wärme schenkt.	☐	☐
12. Man kann nicht früh genug anfangen, sich über eine positive Erziehung eines Kindes Gedanken zu machen.	☐	☐
13. Während des Abendessens sollte der Fernseher ausgeschaltet bleiben.	☐	☐
14. Eine Frau sollte möglichst schnell abstillen, damit ihr Mann sie wieder attraktiv findet.	☐	☐

	stimme zu	stimme nicht zu
15. Für die Entwicklung eines Kindes ist es notwendig, dass seine Eltern auch regelmäßig für sich als Paar etwas tun (spazieren gehen, Kino etc.) und in dieser Zeit das Kind den Großeltern oder Freunden anvertrauen.	☐	☐
16. Die Geburt des ersten Kindes ist immer eine radikale Veränderung der Partnerschaft.	☐	☐

(Quelle: www.partnerschule.de)

Schonzeit für die Mutter

Erfahrungen haben gezeigt, dass es nach der Geburt zu Hause besser läuft, wenn in den Geburtsvorbereitungskursen darüber gesprochen wird. Fakt ist jedoch, dass die Zeit danach, wenn das Baby erst einmal da ist, nur selten Thema ist. Dabei sollten auch die Partner bereits im Vorfeld informiert werden, welche Probleme möglicherweise auftreten können und wann es notwendig ist, professionelle Hilfe in Anspruch zu nehmen. Es geht nicht darum, Panik zu schüren, sondern aufzuklären. Die Eltern freuen sich so sehr auf das Kind, dass sie gar nicht daran denken wollen, wie wichtig es ist, dass Mutter und Kind Zeit für sich haben und sich kennen lernen, die Frau sich erholt und die neue Familie zusammenwächst. Diese Schonzeit ist vor allem auch deshalb so wichtig, um einer möglichen Überforderung und Erschöpfung, die sich in depressiven Verstimmungen äußern kann, vorzubeugen. Die Mutter sollte nicht vergessen, gut für sich selbst zu sorgen. Dazu können gehören: schlafen, wenn das Kind schläft, den Staub in der Wohnung ignorieren, viel Obst und Gemüse essen, spazieren gehen oder sich ein warmes Bad gönnen. Einfach auf den eigenen Körper und die Gefühle achten. Es wird schon eine Weile dauern, bis sich ein gemeinsamer

Rhythmus und ein einigermaßen fester Plan für die Schlafens- und Fütterzeiten gefunden hat.

Wichtiges Duo: Geduld und Zärtlichkeit

Viele Aspekte des Lebens müssen nach der Geburt neu geordnet werden. Die bisherige Zeiteinteilung gilt nicht mehr. Das Baby ist der Chef im Haus. Auch die Beziehung zum Partner verändert sich. Viele werdende Väter von heute begleiten ihre Partnerin zwar in Geburtsvorbereitungskurse, informieren sich gemeinsam mit ihr, wissen aber oft nicht, wie sie sich in der Realität verhalten sollen. Sie haben keine Vorbilder in ihrer Vätergeneration. In einer kürzlich veröffentlichten Studie des Bundesfamilienministeriums gaben siebzig Prozent der befragten Väter vor der Geburt an, dass sie ihr Kind nach der Geburt füttern wollten – tatsächlich tun es dann weniger als die Hälfte. Fast sechzig Prozent wollten ihren Frauen helfen, wenn das Kind nachts schreit; aufgestanden sind nur zwei von zehn Vätern.

Manche Männer reagieren äußerst eifersüchtig auf die enge Bindung von Mutter und Kind, fühlen sich ausgeschlossen, weniger geliebt. Oder sie mutieren zu Patriarchen, die mitversorgt werden wollen – nach dem Motto: „Schließlich bist du den ganzen Tag zu Hause und ich muss arbeiten." Mit Schwangerschaft und Geburt verändert sich auch der Körper der Frau, die Sexualität mit dem Partner muss neu ins Leben integriert werden. Manche Frauen verlieren schon während der Schwangerschaft das sexuelle Interesse am Partner: Anfangs wegen Übelkeit, Kopfschmerzen oder anderer körperlicher Symptome, später ist der Bauch dann zu dick und die Frauen haben die (unbegründete) Angst, dem Nachwuchs zu schaden. Nach der Geburt kommt der Hormonsturz dazu: Die Haut, die während der Schwangerschaft rosig schimmerte, trocknet aus, der Busen erschlafft, Gewichtsprobleme sind keine Seltenheit. Bei manchen Müttern werden die Haare dünn und lösen sich. Oft ist während der Geburt der Damm gerissen, der Beckenboden ist geweitet. Jede vierte Frau erlebt, was die in den Zeitschriften oft beschriebene

Cellulite wirklich ist: Schwangerschaftsstreifen. Und trotz aller Werbung – Tatsache ist: Die Dehnungsstreifen bleiben, verändern allenfalls ihre Farbe, so dass sie nicht mehr so auffallen.

Keine Lust auf Sex

In der Stillzeit haben viele Frauen – aufgrund von psychischen und hormonellen Ursachen – ebenfalls keine Lust auf Sex. Sie sind stark auf das Kind konzentriert, vor allem dann, wenn es das erste ist, und empfinden das Stillen und die körperliche Innigkeit mit dem Baby als äußerst befriedigend. Wenn überhaupt, dann sehnen sie sich nach Liebkosungen, Streicheleinheiten und der Bestätigung, dass der Partner ihren Körper, auch mit Schwangerschaftsstreifen und anderen Veränderungen, nach wie vor attraktiv findet. In Beziehungen, in denen Sexualität dazu dient, Spannungen aufzulösen, kann solch eine enthaltsame Phase zu ernsten Schwierigkeiten führen. Manchmal kommt es auch vor, dass der Mann sich sexuell zurückzieht; insbesondere dann, wenn er die Entbindung miterlebt hat und die Bilder des dramatischen Geburtsvorgangs ihn nicht loslassen. Auch in solch einem Fall kann es ratsam sein, die Probleme bei der Frauenärztin oder dem Hausarzt anzusprechen und gegebenenfalls eine Sexualberatung aufzusuchen.

Mutter und Kind: eine Beziehung, die Zeit braucht

Einige Frauen beschreiben nach der Geburt ein rauschartiges Gefühl ihrem Säugling gegenüber, andere brauchen Zeit, bis sie ihr Kind bedingungslos annehmen können. Dem Baby muss es gelingen, seiner Mutter zu gefallen, damit sie sich um den Nachwuchs kümmert. Das ist in der Tierwelt nicht anders: Kleine Äffchen haben gegenüber Menschenkindern allerdings den Vorteil, dass sie sich im Fell der Mutter festklammern können.

Untersuchungen zeigen, dass Mütter nach Frühgeburten manchmal sogar eher eine Abneigung gegen das Baby haben. Der Grund? Weil es so gar nicht den Vorstellungen vom rosigen

Neugeborenen entspricht. Die meisten Schwangeren gehen davon aus, dass sie völlig glücklich sind, wenn das Kleine in ihren Armen liegt. Tatsache ist: Die emotionale Bindung ist unmittelbar nach der Geburt noch nicht bei jeder Mutter vorhanden. Sie wächst mit dem innigen Körperkontakt und mit den Erfahrungen, die beide miteinander machen. Sie müssen sich erst kennen und lieben lernen. Die typische Klinikatmosphäre sowie die vielen Baby-Besucher lassen den beiden oft wenig Zeit dazu. Selbst nach einer normal verlaufenen Entbindung wird das Neugeborene in der Regel abgenabelt, gewaschen und gewogen, bevor die Mutter es in ihren Armen halten oder auf dem Bauch spüren kann.

Plötzlich ist der Nachwuchs da. Manchen Frauen wird jetzt erst die lebenslange Verantwortung richtig bewusst. Und die kleinen Persönlichkeiten können ganz schön anstrengend sein, vor allem, wenn sie nicht den Vorstellungen und Wünschen entsprechen, die sich bei den Müttern während der Schwangerschaft entwickelt haben. Während das eine Kind ständig schreit und herumgetragen werden will, hält sich das andere an den in vielen Büchern beschriebenen Vier-Stunden-Rhythmus und lässt der Mutter genügend Luft zum Atmen.

Momentan ist richtig,
momentan ist gut,
nichts ist wirklich richtig,
nach der Ebbe kommt die Flut.

Herbert Grönemeyer

Baby Blues: Wechselbäder der Gefühle

Fünfzig bis achtzig Prozent aller Mütter fallen in den ersten zehn Tagen nach der Geburt in ein Stimmungstief, meist zwischen dem dritten und fünften Tag. Diese Beschwerden werden auch „Baby Blues" oder etwas abfällig „Heultage" genannt. Kleinigkeiten bringen die Frauen aus dem Gleichgewicht, machen traurig, rühren zu Tränen. Das ist normal und kein Grund zur Sorge.

Christiane sieht die Geburtsanzeige ihrer vier Tage alten Tochter, da laufen ihr die Tränen nur so die Wangen herunter. Paula muss weinen, weil ihre Zimmergenossin gerade entlassen wurde. Angelika ist verunsichert, weil ihr Neugeborenes so fleckig und rot im Gesicht ist. Laura hat Angst, dass sie den neuen Aufgaben nicht gewachsen ist. Und Barbaras Tränen fließen, weil sie nicht genug Milch für ihr Baby hat. Was ist nur mit den Frauen los? Freuen sie sich nicht über ihr gesundes Kind? Doch. Trotzdem hat sie der Baby Blues erwischt.

Wenn die Hormone rapide absinken

Das Mutterwerden ist sowohl körperlich als auch psychisch ein Extremzustand. Was passiert in diesen ersten Tagen nach der Geburt? Gibt es Risikogruppen? 1997 ergab eine Studie, dass Erstgebärende häufiger unter Baby Blues leiden als Mütter, die schon Kinder auf die Welt gebracht haben.[1] Auch längere Geburten sind ein Risikofaktor. Außerdem ist dokumentiert, dass Frauen, die regelmäßig vor ihrer Periode psychische Probleme haben, stärker gefährdet sind. Vier, fünf Tage nach der Entbindung fallen die Östrogen- und Progesteronwerte ab, während die Prolaktinproduktion (für das Stillen) stark zunimmt. Die hormonellen Veränderungen nach der Geburt sind für die einen mit ein Grund für die wechselnde Gefühlslage[2], andere Autoren sehen diese Annahme nicht bestätigt. Ob Hausgeburt oder Krankenhaus, verheiratet oder ledig – der Baby Blues tritt in allen sozialen Schichten und Kulturen auf. Daher ist es für die junge Mutter hilfreich zu wissen, dass diese Traurigkeit normal ist, wieder vergeht und dass andere Frauen ähnliche Probleme haben.

Baby Blues – typische Kennzeichen können sein:

Traurigkeit, häufiges Weinen
Empfindsamkeit und Stimmungsschwankungen
Müdigkeit und Erschöpfung
Schlaf- und Ruhelosigkeit
Ängstlichkeit und Reizbarkeit
Konzentrationsschwierigkeiten

Zuwendung und Aufmerksamkeit wirken Wunder

Eine medizinische Behandlung ist nicht notwendig, der Baby Blues geht schnell vorbei. Wichtig sind in dieser Zeit Verständnis, Zuwendung und Aufmerksamkeit. Ein entlastendes Gespräch und ein paar Streicheleinheiten wirken oft Wunder. Hält die Grundstimmung länger als zwei Wochen an, kann sich eine Depression entwickeln. Generell wird davor gewarnt, das Phänomen des Baby Blues zu problematisieren. Vielen Frauen hilft allein schon die Information, dass die Symptome ein ganz normales Übergangsphänomen sind. Und vielleicht auch ein Abschied vom früheren Leben.

Denn das ist der größte Fehler
bei der Behandlung
der Krankheiten, dass der Leib
und die Seele allzu sehr
voneinander getrennt werden,
wobei es doch nicht getrennt werden kann.

Platon

Postpartale Depression: Hilfeschrei nach der Geburt

Die postpartale Depression kann jede Frau treffen: verheiratet, allein erziehend, in der Stadt oder auf dem Land lebend, Sekretärin, Hausfrau, Managerin oder Verkäuferin. Die einen sind nie zur Geburtsvorbereitung gegangen, andere haben sich während der letzten Monate voll und ganz ihrer Schwangerschaft gewidmet. Es trifft Mütter, die nach langer ungewollter Kinderlosigkeit sehnsüchtig auf ihren Nachwuchs gewartet haben, und solche, die am Anfang der Schwangerschaft eher skeptisch waren. Selbst Königin Viktoria und Prinzessin Diana waren davon betroffen. Die amerikanische Schauspielerin Brooke Shields hat nach der Geburt ihrer Tochter Rowan Francis ebenfalls unter postpartalen Depressionen gelitten. Sie hat ihre Erfahrungen aufgeschrieben.

Annette wird einfach alles zu viel. Wie soll sie das nur schaffen? Bereits seit vier Uhr früh liegt sie wach im Bett, ist total erschöpft, kann aber nicht mehr schlafen. Jeder Tag senkt sich wie Blei auf ihre Brust. Kleinigkeiten, die sie jahrelang nebenbei erledigt hat, türmen sich jetzt zu riesigen Bergen. Sie kann kaum aufstehen, das Geschrei ihres Säuglings geht Annette durch Mark und Bein. Dabei sollte sie doch glücklich und zufrieden sein, dass der ersehnte Nachwuchs gesund und munter auf der Welt ist. Doch in ihrem Inneren ist es leer und düster. Annette weiß überhaupt nicht, was mit ihr geschieht. Im Haushalt bilden sich Riesengebirge aus Wäsche, das Geschirr stapelt sich, ungelesene Glückwünsche zur Geburt von Katharina liegen auf dem Schreibtisch. Und wenn Peter abends aus dem Büro kommt, verkriecht Annette sich bald ins Bett. Nur nicht reden. Nur ganz still daliegen. Hoffen, dass Katharina lange schläft. Zum Glück kann Peter sie dann wickeln. Was soll nur werden? Was ist bloß los? Annette hat, so die spätere Diagnose, eine postpartale Depression, (postpartal = nach der Entbindung)[1]. Sie ist wirklich krank. Leider werden ihre Symptome anfangs auf den Mangel an Schlaf, die kurzen Nächte mit Katharina geschoben.

Einfach traurig, müde und leer

Die Symptome einer postpartalen Depression unterscheiden sich nicht von der klassischen Depression zu anderen Lebenszeiten: Traurigkeit, Leeregefühl, Energiemangel, Schlafstörungen, Ängste, allgemeines Desinteresse, Denk- und Konzentrationsprobleme, Appetitveränderungen, aber auch Panikattacken und Zwangsgedanken. Dazu kommen häufig somatische (körperliche) Beschwerden wie Kopfschmerzen, Herzklopfen, Muskelverspannungen. Manchen Frauen sieht man ihre Niedergeschlagenheit im Gesicht an: Mimik und Gestik sind reduziert, alles geht langsamer, die Stimme ist leiser. Die postpartale Depression wird auch als Krankheit des Verlusts beschrieben:[2] Verlust an Interesse, Glück, Appetit, Gewicht, Schlaf, Stuhlgang, Konzentration, Gedächtnis, Sexualtrieb, Vergnügen, klarem Denken, Verständnis, Angemessenheit, Sicherheit, Energie und Begeisterungsfähigkeit.

Den Zusatz „postpartal“ hält die Forschungsstelle für Psychotherapie[3] in Stuttgart aus folgenden Gründen für gerechtfertigt:

- Die Geburt eines Kindes und die erste Zeit danach bringt für die Mutter zahlreiche psychosoziale Stressfaktoren mit sich (z. B. die neue Situation, Veränderung von Beziehungen),

die zu anderen Lebenszeitpunkten nicht in demselben Ausmaß zum Tragen kommen.
- Der Beginn von Depressionen und psychotischen Erkrankungen liegt nach einigen Untersuchungen in den ersten Monaten nach der Geburt deutlich höher als zu anderen Zeitpunkten im Leben von Frauen.
- Der Zusammenhang zwischen hormonellen Veränderungen in den ersten Wochen nach der Geburt und dem Auftreten von Depressionen konnte in Untersuchungen nachgewiesen werden.
- Die kindliche Entwicklung ist nach Ansicht einiger Autoren bei Depressionen der Mutter in den ersten Lebensmonaten beeinträchtigt.

In vielen Fällen entwickelt sich die postpartale Depression schleichend und die betroffenen Frauen interpretieren die Symptome, vor allem die massive körperliche und geistige Müdigkeit, als normale Begleiterscheinungen nach einer Geburt. Warum sollte es der frisch gebackenen Mutter mit einem gesunden Säugling auch schlecht gehen? Die ambivalenten, fehlenden oder auch negativen Gefühle gegenüber dem Kind werden beiseite geschoben. Die Mutter schämt sich, fühlt sich schuldig. Nicht ohne Grund heißt die postpartale Depression auch Smiling Depression (to smile, englisch = lächeln): Alle erwarten eine glückliche Mutter. Also lächeln die Frauen nach außen hin, obwohl sie eigentlich verzweifelt sind.

In so genannten Bindungsstudien wurde festgestellt, dass das Neugeborene versucht, durch Stimme, Gesicht oder Geruch der Mutter eine aktive Stimulation herbeizuführen, weil diese Stimulation für das Ausreifen seines Gehirns notwendig ist.[4] Dabei kann eine Frau, die unter postpartaler Depression leidet, in den meisten Fällen gar keine Beziehung zu ihrem Kind aufbauen, reagiert entsprechend weniger auf die Signale des Babys, lächelt nur selten. Dies wiederum braucht der Säugling aber für seine Kommunikationsfähigkeit. Außerdem spüren die Kleinen sofort, wenn die Mutter angespannt, wütend, ängstlich oder gereizt ist und reagieren ihrerseits verunsichert. Nur wenn sie sich umsorgt und geborgen fühlen, können sie eine besonders sichere Bindung entwickeln. Und sicher gebundene Kinder, so Fachleute, lernen schneller, finden leichter Anerkennung bei Gleichaltrigen. Der Psychologe Simon Baron-Cohen resümiert: „Sie sind beliebter und entwickeln ihr ganzes Leben lang stabilere Beziehungen zu anderen Menschen.“[5]

Frühzeitige Behandlung ist wichtig für Mutter und Kind

Babys von betroffenen Frauen zeigen im ersten Jahr häufiger Entwicklungsverzögerungen, später werden vermehrt Verhaltensauffälligkeiten, Lernschwierigkeiten und depressive Störungen beobachtet. Dies belegen auch internationale Studien der Marcé Gesellschaft, die psychische Erkrankungen rund um Schwangerschaft und Geburt untersucht und Aufklärungsarbeit leistet, sowie klinische Erfahrungen und Untersuchungen in der Münchner Sprechstunde für Schreibabys. Die Kleinen lächeln nicht und neigen dazu, sich von allen abzuwenden, auch von den Eltern. Ihre Gehirnströme zeigen ausgeprägte Muster, die sich allerdings bessern, sobald die Depressionen der Mutter erfolgreich behandelt werden. Je älter die Kinder, desto schwieriger ist es, die Störung in den Griff zu bekommen. So zeigte sich beispielsweise bei schulpflichtigen Kindern depressiver Mütter, dass sie noch ein Jahr, nachdem deren Symptome nachgelassen hatten, gestört waren. Sie neigen außer zu Depressionen und Aufmerksamkeitsschwächen auch zu Trennungsängsten und Verhaltensauffälligkeiten und haben viele gesundheitliche Beschwerden wie Allergien, Asthma, Erkältungen, Kopf- und Magenschmerzen. Daher ist es so wichtig, dass eine postpartale Depression frühzeitig erkannt und richtig behandelt wird.

Postpartale Depression – typische Kennzeichen können sein:

Müdigkeit, Erschöpfung und Energiemangel
Traurigkeit, häufiges Weinen
Schuldgefühle
Inneres Leeregefühl
Allgemeines Desinteresse und sexuelle Unlust
Zwiespältige Gefühle dem Kind gegenüber
Konzentrations-, Appetit- und Schlafstörungen
Kopfschmerzen, Schwindel, Herzbeschwerden, andere psychosomatische Beschwerden
Ängste, extreme Reizbarkeit, Panikattacken, Zwangsgedanken
Suizidgedanken

Etwa zehn bis zwanzig Prozent der Mütter leiden nach der Geburt unter der postpartalen Depression, so offizielle Zahlen. Die Dunkelziffer schätzen manche Autoren höher. Andere Untersuchungen belegen weniger Betroffene.[6] Einige Fachleute diagnostizieren eine postpartale Depression innerhalb der ersten vier Wochen nach der Entbindung, andere gehen davon aus, dass diese Erkrankung bis zu einem Jahr nach der Geburt auftreten kann und bezeichnen sie so lange auch als postpartale Depression. Die Erfassung von gefährdeten Müttern ist schwierig, weil diese Krankheit immer noch weitgehend tabuisiert ist und bisher wenig untersucht wurde. Auch bei der Kontrolluntersuchung bei der Gynäkologin sechs Wochen nach der Geburt sprechen nur die wenigsten Betroffenen davon. Oft bleibt es der Sensibilität des Umfeldes überlassen, ob eine Frau rechtzeitig Hilfe bekommt.

Erstgebärende erkranken besonders häufig

Jede Frau ist anders. Mit ihren Genen, ihren Kindheitserfahrungen und dem Umfeld, in dem sie aufgewachsen ist. Das größte Risiko zu erkranken (50 Prozent), haben Frauen, die vorher schon einmal eine depressive Episode[7] oder eine entsprechende Vorgeschichte in der Familie hatten. Ebenfalls häufig betroffen sind Erstgebärende[8] und Frauen, die Symptome des Baby Blues hatten.[9] Aber: Auch bei Vorbestehen einer psychischen Erkrankung wird nur etwa jede vierte Frau nach einer Entbindung erneut krank. „Es gibt also keine eindeutige Gesetzmäßigkeit und keine sichere Voraussagbarkeit", so Prof. Dr. Anke Rohde, Expertin für psychische Erkrankungen bei Frauen.[10]

Man geht davon aus, dass hormonelle Faktoren bei dieser Erkrankung ebenso eine Rolle spielen wie somatische (also körperliche) und psychologische Belastungen durch die Geburt, psychosoziale Einflüsse, die eigene Persönlichkeit und Lebenssituation. Interessant ist in diesem Zusammenhang eine Untersuchung der Weltgesundheitsorganisation WHO: Sie kommt zu dem Ergebnis, dass nicht die tatsächlichen Komplikationen bei einer Entbindung eine postpartale Depression auslösen können, sondern das subjektive Erleben von Schwangerschaft und Geburt.[11] Eine aktuelle amerikanische Studie zeigt: Eine Hirnregion über den Augäpfeln, der so genannte orbifrontale Kortex, steht im Zusammenhang mit der Verarbeitung von Gefühlen und spielt bei der Mutter-Kind-Bindung eine Rolle. Sahen gesunde Mütter in dieser Studie Bilder vom eigenen Kind, fühlten sie sich nicht nur glücklicher, die Hirnaktivität nahm auch zu. Der Neuropsychologe Jack Nitschke vermutet, dass bei einer postpartalen Depression in diesem Bereich wahrscheinlich weniger Aktivität herrscht.

Annette sucht nach ein paar Wochen Hilfe. Immer bedrängender werden ihre Ängste, sie weiß gar nicht mehr, was mit ihr los ist. Sie spricht zuerst mit ihrem Mann, dann gehen sie gemeinsam zur Frauenärztin. Manche Frauen suchen keine Hilfe, weil sie sich schuldig fühlen, dass es ihnen so schlecht geht, weil sie keine Kraft dazu haben und nicht wollen, dass die Nachbarn über sie reden. Ärzte sind oft nicht wachsam genug und es kommt zu keiner adäquaten Behandlung der Patientin, weil die niedergedrückte Stimmung auf den Stress mit dem Neugeborenen zurückgeführt wird: „Ruhen Sie sich mal aus.“, „Das wird schon wieder.“, „Bald hat sich alles eingespielt.“ Untersuchungen zeigen, wie wichtig es ist, über psychische Befindlichkeiten zu sprechen: Viele Mütter fühlen sich schon allein dadurch entlastet, dass ihre Gefühle endlich einen Namen haben, der Arzt die Diagnose postpartale Depression stellt und sie nicht mehr die Angst haben, verrückt zu werden.

Zwischen Windeln und Wäschebergen

Stefanie, 38, Ärztin, erinnert sich an die Geburt ihres ersten Kindes Paul vor acht Jahren: Sie hat lange keine Wehen, die Herztöne des Babys werden schlechter, sie kommt an den Tropf. Stefanie merkt schnell, dass die Hebamme keine Lust hat, sie ist hektisch und will ihr sogar ohne Not eine Periduralanästhesie setzen lassen. Die Geburt als solche empfindet sie als schmerzhaft, aber sehr schön. Am nächsten Tag wird Paul mit niedriger Herzfrequenz auf die Überwachungsstation gelegt. Es ist Wochenende, im Krankenhaus ist viel los: Ärzte sind für die Mutter nicht mehr zu sprechen. „Ich war insgesamt eine Woche im Krankenhaus und auch mit Paul zur Untersuchung in der Kinderklinik. Man konnte nichts feststellen. Aber für mich war diese Zeit alles in allem der Horror“, weiß Stefanie rückblickend noch ganz genau.

Zu Hause geht erst alles gut, so ein, zwei Wochen lang: viel Besuch, ihr Mann Konrad ist zu Hause, alles dreht sich um das süße Baby. „Dann war ich plötzlich allein im Haus, hatte üble Stillprobleme und blutige Brustwarzen. Aber ich wollte unbedingt stillen, weil ich dachte, dass ich sonst keine gute Mutter sei. Ich hatte ganz konkrete Vorstellungen, wie alles laufen muss.“ Aber daraus wird nichts. Das Kind ins Tragetuch stecken und dann ins Museum gehen, Freundinnen treffen – die Realität sieht anders aus. Zwischen Stillende und erneutem Stillanfang liegt für die junge Mutter nur eine kurze Zeit, sie muss bestens organisiert sein. Keine Zeit für Freizeitvergnügen.

Keine Freude über das Wunschkind

Über Wochen erträgt Stefanie die Schmerzen beim Stillen, beißt auf Holzklötze, um nicht zu schreien. Nach und nach fühlt sie sich immer schlechter, sie geht am liebsten gar nicht mehr vor die Tür. Dazu die Angst, dass mit dem Kind etwas nicht stimmt. Ein Drama. „Ich hatte mir eine Waage ausgeliehen, weil Paul so klein und zart war. Dann habe ich ihn vor und nach jedem Stillen gewogen. Das war absolut nervtötend“, erinnert sie sich. Stefanie erzählt weder der Hebamme noch Freundinnen, wie schlecht es ihr geht. „Ich wollte die kompetente Frau sein, die alles schmeißt.“ Sie hat an nichts mehr Freude. Am schlimmsten ist, dass sie sich nicht über ihr gesundes Wunschkind freuen kann. „Obwohl ich Ärztin bin, habe ich nicht gemerkt, dass ich eine postpartale Depression entwickelt habe und Behandlung für mich wichtig gewesen wäre“, wundert sie sich noch heute. Sie ist voller Ängste: Nur stillen und schlafen und die Befürchtung, nie wieder in den Beruf zurückgehen zu können. Dazu Stress mit dem Ehemann, der sich mehr und mehr zurückzieht. „Ich hatte den Eindruck, dass er viel zu wenig Zeit für mich hat. Ich habe nur gemeckert. Er hat lieber im Büro gearbeitet, als nach Hause zu seiner keifenden Frau zu gehen, die in Wäschebergen versinkt. Ich war total zickig und gereizt in dieser Zeit.“

Rückblickend wird Stefanie klar, dass die Hebamme im Geburtsvorbereitungskurs postpartale Probleme angesprochen hat, sogar einen ganzen Kursabend lang. „Ich habe es aber einfach nicht gehört, habe innerlich abgeschaltet. Das war für mich unvorstellbar: Wieso sollte ich Probleme haben, wenn mein Wunschbaby kommt?“ Insgesamt dauert die schlechte Zeit bei ihr drei Monate. Als ihre Schwester, die selber drei Kinder hat, zu Besuch kommt, weint Stefanie fürchterlich, es bricht aus ihr heraus: „Nur stillen und schlafen, das stinkt mir so.“ Die Schwester guckt sie an und sagt ganz einfach: „Na und, so ist das mit einem Säugling.“ Das hat Stefanie aufgeweckt. Von da an geht es bergauf. Ohne Behandlung, ohne Medikamente kommt sie raus aus ihrem Tief. Glück gehabt!

Mittlerweile hat sie drei Kinder, macht ihre Facharztausbildung und hat vor allem eins: mehr Gelassenheit. Im Nachhinein weiß sie: „Es ist wichtig, dass mehr über Depressionen nach der Geburt gesprochen wird. Offen und ehrlich. Dann können betroffene Frauen ihr Leben auch besser einordnen und sich Hilfe holen." Als Fachärztin für Psychiatrie kann sie vielleicht bald selbst dazu beitragen.

Erschöpfung oder postpartale Depression?

Die Diagnose einer postpartalen Depression ist vor allem im frühen Krankheitsstadium nicht einfach, denn die Grenzen zwischen Stimmungstief, Erschöpfungszustand nach der Geburt und einer depressiven Erkrankung sind fließend. Die postpartale Depression kann direkt nach der Entbindung einsetzen, sich aus einem Baby Blues entwickeln, beim Abstillen anfangen oder vor dem erneuten Einsetzen der Menstruation. Wenn Frauen mehr als drei Monate nach einer Geburt an einer Depression erkranken, können auch eine strenge Diät oder berufliche Nachtschichten Auslöser sein. Es wird auch beobachtet, dass eine postpartale Depression erst im späteren Verlauf auftritt; daher erscheint es sinnvoll, Mütter auch über drei Monate hinaus auf Anzeichen zu beobachten.[12]

Während einige Experten davon ausgehen, dass die postpartale Depression sich in Verlauf und Aussehen nicht von der klassischen Depression unterscheidet, ist sie für andere eine atypische Depression, da sie sich in bestimmten Bereichen abgrenzt und weitere Symptome wie beispielsweise Reizbarkeit, das Gefühl, der neuen Aufgabe als Mutter nicht gewachsen zu sein und mangelnde Empfindungen für das Kind hinzukommen.[13] Beobachtet werden auch extreme Ungeduld, Streitsucht, heftige Ausbrüche, zum Teil verbunden mit Gewalttätigkeit, darüber hinaus auch Aggressionen gegen das Kleinkind.

Erkrankte Mütter sind emotional und körperlich total überfordert, kommen mit der extremen Belastungssituation nicht zurecht und fühlen sich zudem noch völlig isoliert. Einige haben das Gefühl, den ganzen Tag über mit dem Kind nichts geschafft zu haben. Sie sind nicht mehr mobil, nicht mehr flexibel, fühlen sich beengt und abgeschnitten von der Außenwelt, was bisweilen sogar zu Panikattacken führen kann. Zu den vielen Verlusterfahrungen – von Schwangerschaft, Unabhängigkeit, alten Gewohnheiten – kommt, vor allem für Erstgebärende, der gesellschaftliche, nicht ausgesprochene Anspruch hinzu, eine perfekte Mutter zu sein.

Verlusterlebnisse machen anfällig

Mütter, die schon früher Angstzustände und/oder psychische Störungen hatten, erkranken eher an postpartaler Depression. Bei Frauen, die als Kind sexuell missbraucht wurden, wurde beobachtet, dass teilweise bei der Geburt die Erinnerungen wieder hochkommen und in eine postpartale Depression führen. Risikofaktoren sind auch zerrüttete Familienverhältnisse, Vernachlässigung und fehlendes Selbstwertgefühl, Fehlgeburt, Totgeburt oder eine abgebrochene Schwangerschaft. Eigene, bisher nicht verarbeitete Verlust- und Trennungserlebnisse oder Probleme aus der Kinder- und Jugendzeit können ebenfalls eine postpartale Depression mit verursachen. Manchmal sind aktuelle äußere Belastungen der Auslöser: der Umzug in eine andere Stadt, die Kündigung im Job oder gesundheitliche Probleme. Wichtig zu wissen: Ob man an einer postpartalen Depression erkrankt oder nicht, lässt sich nicht vorhersagen. Auch bei Vorbestehen einer psychischen Erkrankung wird nur etwa jede vierte Frau nach einer Entbindung erneut krank.[14]

Wer unter postpartaler Depression leidet, sollte die Pille lieber nicht einnehmen, da Studien zeigen, dass das darin enthaltene synthetische Progesteron Depressionen sowohl hervorrufen als auch verstärken kann. Das Abstillen kann ebenfalls ein Auslöser sein[15], ebenso Schlafmangel, manchmal auch eine Sterilisation.[16] Daher rät man Frauen heute, sich nicht direkt nach der Entbindung sterilisieren zu lassen, sondern erst, nachdem sich die Menstruation wieder normalisiert hat.

Die Art der Geburt hat geringen Einfluss auf eine Erkrankung, auch ob die Paare zusammenleben oder verheiratet sind, ist unwesentlich. In zahlreichen Studien wurde der Zusammenhang zwischen partnerschaftlicher Beziehung und postpartaler Depression untersucht. Ergebnis: Frauen, die unter postpartaler Depression leiden, haben öfter eine konfliktreiche Beziehung und Kommunikationsschwierigkeiten mit dem Partner.[17] 39,3 Prozent der betroffenen Mütter klagen über mangelnde Unterstützung durch den Partner.[18] Auch der Autor Andrew Solomon[19] stellt fest: „Unbestritten ist, dass Stress die Depressionsquote hochtreibt. Den größten Stress verursachen Demütigungen; an zweiter Stelle folgen Verluste. Den besten Schutz für biologisch anfällige Menschen bildet eine gute Ehe, die vieles auffängt und abfedert."

Das Superfrau-Syndrom

Ein Kind macht das Lebensglück erst perfekt, denken nicht wenige. Kinder bereichern die Partnerschaft, halten jung, geben dem Leben Sinn. Ohne Kind bin ich keine richtige Frau. Durch ein Kind kann ich Spuren hinterlassen, irgendwie unsterblich werden. Dass mit Nachwuchs oft alles anders wird, hat auch Katrin erfahren. Sie will Mutter, Hausfrau, Ehefrau und Geliebte in einer Person sein. Gerne auch berufstätig und gesellschaftlich voll anerkannt. Abends soll die Wohnung aufgeräumt sein, das Abendessen bei Kerzenschein ist auch schon vorbereitet. Das Baby schläft selbstverständlich. So hat Katrin es von sich erwartet. Volle Windeleimer, Spucklappen überall in der Wohnung, das Frühstücksgeschirr nachmittags noch auf dem Tisch, fettige Haare und ungebügelte Hemden: Davon war nie die Rede. Katrin hat bis kurz vor der Geburt engagiert in ihrem Beruf als Zahnarzthelferin gearbeitet. Und jetzt sitzt sie zu Hause vor einem Wäscheberg, verdient kein eigenes Geld mehr. Aber die Normal-Frau ist nun mal nicht Uschi Glas oder Hera Lind, mit Kinderfrau, Putzhilfe, Gärtner und einem gut gefüllten Bankkonto.

Nach ein paar Wochen mit Kind ist Katrin ausgelaugt, fühlt sich am Rande ihrer Kräfte. Sie hat alles ausprobiert, was in den aktuellen Ratgebern empfohlen wird. Das Geschrei nervt, sie will nur noch ins Bett, kann nichts mehr essen und wünscht sich manchmal ihr früheres Leben zurück. Hinzu kommt das schlechte Gewissen. Viele Betroffene werfen sich wegen ihrer negativen Empfindungen selber Undankbarkeit vor, vor allem, weil sie glauben, dass es nur ihnen allein so schlecht geht. Tatsache ist: In alten Kulturen wurden Frauen nach der Entbindung von vielen Menschen umsorgt. Bei Naturvölkern gibt es Schutz in speziellen Geburtshäusern. Das Gefühl, die riesige Aufgabe Kind komplett allein bewältigen zu müssen, kommt gar nicht erst auf. Auch depressive Verstimmungen nach der Geburt werden dort viel seltener beobachtet. In den westlichen Industrienationen tun sich Frauen mit ihrer Rolle schwer. Sie finden und suchen selten Unterstützung bei Verwandten, Freunden oder auch Institutionen. Sie denken, dass sie keinen Grund haben, sich schlecht zu fühlen und leiden still vor sich hin. Nicht wenige plagen Schuldgefühle und ein schlechtes Gewissen. Manche können sich erst nach Jahren von dem enormen Erwartungsdruck befreien, unter den sie sich gesetzt haben.

Frauen mit depressiven Störungen sind zum Teil extrem besorgt, wollen ständig alles unter Kontrolle haben und sind ausgeprägte Perfektionistinnen mit hohen Erwartungen an sich selbst. Sie setzen ihre eigene Messlatte besonders hoch an. In diesem Zusammenhang ist auch ein Blick auf die gesellschaftliche Situation angebracht. Wie kann verhindert werden, dass eine Frau nach der Geburt ihres Kindes in eine Depression abrutscht? Viele Mütter würden schon aufatmen, wenn man ihnen sagen würde, dass sie nicht perfekt sein müssen, Aufgaben liegen lassen und Verantwortung delegieren können – an die eigene Mutter oder Schwiegermutter, eine Nachbarin oder Freundin. Denn schließlich verändert sich in der Realität mit dem Neugeborenen alles. Das Leben wird komplett umgekrempelt. Die meisten geben ihre Berufstätigkeit auf, zu Hause dreht sich alles um den Nachwuchs. Sie fühlen sich intellektuell unterfordert, stehen aber emotional ständig unter Strom. Trauer, Wut und Schmerz – das alles „darf" man nicht empfinden, folgerichtig wird es unterdrückt. Das Kind ist da – gesund. Kein Grund zum Jammern oder Traurigsein. Kein Wunder, dass einige Frauen bei der Erfüllung ihrer verschiedenen Rollen in Konflikt geraten. Auch die Literatur rund um den Nachwuchs fordert von den Müttern eine ganze Menge: Babyschwimmen, Kinderbauchtanz, musikalische Früherziehung, Englisch für Kleine – die Frauen müssen, so der Anspruch von außen, eine Menge für ihre Kinder organisieren, damit sie in unserer Gesellschaft richtig aufwachsen können. Da ist es nicht verwunderlich, dass viele Frauen Angst haben, etwas falsch zu machen. Und sie sind dabei mit ihren Sorgen und Nöten oft mutterseelenallein. Eigentlich geht es doch darum, den eigenen optimalen Stresspegel herauszufinden: Genug Stress für ein erfülltes und abwechslungsreiches Leben, aber nicht so viel, dass man sich gehetzt fühlt.

Übrigens: Ob Ost oder West – Männer haben traditionellere Vorstellungen von der Rolle der Frau als die Frauen selbst. Auch in Beziehungen, in denen sich Mann und Frau die Aufgaben gleichwertig teilen, fallen beide nach dem ersten Kind häufig in alte Rollenmuster zurück. Die Männer konzentrieren sich mehr auf die Rolle des Ernährers, die Frauen auf Haushalt und Kinder.[20]

Fragebogen zur postpartalen Depression

Je früher die postpartale Depression diagnostiziert wird, desto schneller und wirksamer greifen die Therapien. Eine Möglichkeit zur Diagnose ist die Edinburgh-Postnatale-Depressions-Skala, 1987 vom schottischen Psychiater Dr. J. L. Cox speziell zur Erfassung der postpartalen Depression entwickelt. Bei Verdacht können der Arzt oder die Hebamme die Mutter bitten, die zehn Fragen zu beantworten. Der Fragebogen nimmt wenig Zeit in Anspruch, bietet aber für die Frühdiagnose eine geeignete Unterstützung. Bei einer Gesamtpunktzahl von zwölf und darüber liegt die Vermutung nahe, dass die Frau an einer postpartalen Depression leidet.

Bitte notieren Sie die Punktzahl vor der Antwort, die am ehesten beschreibt, wie Sie sich in den letzten sieben Tagen gefühlt haben, nicht nur, wie Sie sich heute fühlen.

1. Ich konnte lachen und die komische Seite von Dingen sehen.
   (0) So viel wie bisher.
   (1) Nicht ganz so wie früher.
   (2) Entschieden nicht so sehr wie bisher.
   (3) Überhaupt nicht.

2. Ich habe mich auf Dinge im Voraus gefreut.
   (0) So viel wie bisher.
   (1) Wohl weniger als gewöhnlich.
   (2) Entschieden weniger als bisher.
   (3) Kaum.

3. Ich habe mich grundlos schuldig gefühlt, wenn Dinge schief gingen.
   (3) Ja, meistens.
   (2) Ja, gelegentlich.
   (1) Nicht sehr oft.
   (0) Nein, niemals.

4. Ich war ängstlich oder besorgt ohne guten Grund.
   (0) Nein, gar nicht.
   (1) Kaum.
   (2) Ja, gelegentlich.
   (3) Ja, sehr oft.

5. Ich habe mich gefürchtet oder geriet in Panik ohne guten Grund.
   (3) Ja, sehr häufig.
   (2) Ja, gelegentlich.
   (1) Nein, kaum.
   (0) Nein, überhaupt nicht.

6. Dinge wurden mir zu viel.
   (3) Ja, meistens konnte ich die Situation nicht meistern.
   (2) Ja, gelegentlich konnte ich die Dinge nicht so meistern wie sonst.
   (1) Nein, meistens konnte ich die Situation meistern.
   (0) Nein, ich bewältigte die Dinge so gut wie immer.

7. Ich war so unglücklich, dass ich nur schlecht schlafen konnte.
   (3) Ja, meistens.
   (2) Ja, gelegentlich.
   (1) Nein, nicht sehr häufig.
   (0) Nein, gar nicht.

8. Ich habe mich traurig oder elend gefühlt.
   (3) Ja, meistens.
   (2) Ja, gelegentlich.
   (1) Nein, nicht sehr häufig.
   (0) Nein, gar nicht.

9. Ich war so unglücklich, dass ich weinte.
   (3) Ja, den größten Teil der Zeit.
   (2) Ja, sehr häufig.
   (1) Nur gelegentlich.
   (0) Nein, nie.

10. Der Gedanke, mir etwas anzutun, ist in mir aufgestiegen.
   (3) Ja, recht häufig.
   (2) Gelegentlich.
   (1) Kaum jemals.
   (0) Niemals.

(Quelle: A. M. Bergant, T. Nguyen, K. Heim, H. Ulmer, O. Dapunt: Deutschsprachige Fassung und Validierung der „Edinburgh postnatal depression scale“, Dtsch Med Wochenschr 123 (1998), 35 – 40, Georg Thieme Verlag KG Stuttgart)

Wege aus der Krise

„Keine zwei Menschen haben genau die gleichen Depressionen. Ihre Symptome können sich ähneln, doch ist jedes Krankheitsbild einzigartig und ein fast unvorstellbarer Komplex", schreibt Andrew Solomon treffend. Daher gibt es auch kein Patentrezept. Jede Frau muss ihren eigenen Weg finden. Aber diese Erkrankung ist gut zu behandeln. Bei manchen kann die Depression schon nach zwei bis drei Wochen verschwinden, bei anderen dauert sie Monate oder auch länger. Bei einigen Frauen nähern sich die Symptome allmählich denen eines prämenstruellen Symptoms (PMS) an. Ein wichtiger Schritt ist getan, wenn sich die Betroffene eingesteht, dass es ihr nicht gut geht und Hilfe sucht. Viele Ärzte wissen zwar über nachgeburtliche Depressionszustände nur sehr oberflächlich Bescheid. Da sich aber weder Erscheinungsbild noch Therapie wesentlich von einer Depression zu einem anderen Lebenszeitpunkt unterscheiden, muss der Arzt nicht Fachmann für postpartale Depressionen sein. Viele Betroffene spüren, dass mit ihnen etwas nicht stimmt und sie sich verändert haben. Sie sind ganz besonders auf die Feinfühligkeit ihres Gesprächspartners angewiesen, der mit Hilfe geschickt gestellter Fragen wie „Kommen Sie mit der Situation zurecht?" oder „Wie geht es Ihnen mit Ihrem Nachwuchs im Alltag?" Gelegenheit gibt, über Probleme, Sorgen und Ängste offen zu sprechen. In einer ärztlichen Beratung und Untersuchung sollen dann auch körperliche Ursachen ausgeschlossen werden. Anhand der Blutwerte lässt sich beispielsweise beurteilen, ob die Schilddrüse normal arbeitet.

Übrigens: Wer unter einer ärztlich attestierten Depression leidet, kann zur Unterstützung eine Haushaltshilfe bzw. Familienpflegerin bekommen. Vorher sollte jedoch die Kostenübernahme durch die Krankenkassen geklärt werden.

Gut für sich selbst sorgen

„Das offene Eingeständnis, sich schrecklich und todunglücklich zu fühlen, ist immer der erste Schritt, um wieder aus dem Schatten herauszutreten. Der Weg aus der Krise kommt einer anstrengenden Reise gleich, die über Berge und Täler führt“, so Petra Nispel, Mitbegründerin des Vereins „Schatten & Licht – Krise nach der Geburt“. In einer australischen Studie wurden betroffene Frauen befragt, was für sie am wichtigsten ist. Die vier am häufigsten genannten Punkte:

- einen Gesprächspartner finden, mit der/dem ich mich austauschen kann
- Zeit für mich organisieren
- unter Leute kommen
- eine Beratungsstelle aufsuchen.[21]

Was sonst noch gut tut: frische und vollwertige Kost, Vitamine und Mineralien. Ob spazieren gehen, walken, schwimmen oder Rad fahren, vielleicht anfangs auch nur Treppensteigen statt Liftfahren: Bewegung und Sonnenlicht setzen Glückshormone frei, die so genannten Endorphine. Diese sind gut für Körper und Psyche, wirken sogar als natürliches Schmerzmittel. Regelmäßige körperliche Bewegung ist nach der Entbindung besonders wichtig, damit der Körper wieder in Form kommt. Anderen Frauen machen Entspannungsübungen wie Yoga, Qigong oder Tai Chi Spaß. Ein weiterer wichtiger Aspekt ist der Schlaf: „Schlafen Sie, wenn Ihr Kind schläft“, raten Fachleute. Was spielt es schon für eine Rolle, ob die Küche blitzt, die Fenster geputzt sind? Was ist wirklich wichtig? Manchmal hilft es schon, die eigenen Prioritäten genauer anzuschauen und neu zu gewichten. Das befreit von innerem Druck. Als hilfreich hat sich ein Tagesplan erwiesen – mit kleinen Zielen wie einkaufen gehen, bügeln oder Betten beziehen. Eine Struktur gibt Sicherheit und Halt und macht stolz, wenn das Tagesziel am Abend erreicht ist. Singen (ob mit oder ohne Baby) oder Musik wirken beruhigend und angstlösend.

Partner, Familie und Freunde sind ebenfalls gefragt. Das Zauberwort heißt Entlastung, und zwar im physischen und psychischen Sinne. Die betroffene Mutter braucht vor allem Zuwendung und das Gefühl, dass sie nicht allein ist, dass es einen Weg aus der Krise gibt.

Medikamente und Psychotherapie

Während die einen davon ausgehen, dass postpartale Depression vor allem mit dem hormonellen Ungleichgewicht nach der Geburt zusammenhängt, sehen andere als gemeinsamen Nenner eine Form von Liebesdefizit in der eigenen Biographie.[22] In den meisten Fällen ist die Erkrankung auf mehrere Faktoren zurückzuführen. Studien zeigen, dass bei schweren Depressionen die Behandlung mit Antidepressiva erfolgreich ist und sich die Stimmung bereits nach ein paar Tagen deutlich bessert. Will die Mutter unbedingt stillen oder kann sie sich vorstellen abzustillen? Wenn dies geklärt ist, wird ein entsprechendes Medikament ausgesucht: Für die Stillzeit empfehlen Experten aus den USA Sertralin als das Mittel der Wahl, gefolgt von Paroxetin. Für beide Antidepressiva der SSRI-Gruppe liegen die meisten Untersuchungen vor: Kleine Mengen des Wirkstoffs gelangen zwar in die Muttermilch, beim Kind ist aber nur wenig oder kaum etwas davon nachweisbar. Alternativ werden noch die beiden SSRI-Präparate Fluoxetin und Citalopram genannt.[23] Bei den trizyklischen Antidepressiva lauten die Empfehlungen: Imipramin und Nortriptylin. Die Trizyklika haben zwar in der Regel mehr Nebenwirkungen, sind aber manchmal effektiver. Allgemein gilt: Wenn die Mutter Antidepressiva einnimmt und stillt, sollten sie, ihre Angehörigen, Psychiater und Kinderarzt zusammenarbeiten. Die Nutzen-Risiko-Abwägung gilt übrigens auch für Johanniskraut und andere pflanzliche Präparate. Bisher liegen keine Studien darüber vor, welche Substanzen in die Muttermilch gelangen und mit welchen Einflüssen auf das Kind zu rechnen ist.[24]

Ein weiterer wichtiger Baustein in der Behandlung sind psychotherapeutische Verfahren (s. a. S. 146 ff.). Therapeutisch wirksame Alternativen zu antidepressiven Medikamenten sind bei Müttern mit postpartaler Depression besonders wichtig, wenn diese eine medikamentöse Therapie wegen des Stillens oder aus anderen Gründen ablehnen. Bei depressiven Störungen hat sich vor allem die kognitive Verhaltenstherapie bewährt, bei der anhand ausgewählter konkreter Probleme alternative, konstruktive Verhaltensweisen erarbeitet werden, und die interpersonelle Therapie: Dort gibt es einen Ansatz, bei der auch der Rollenwechsel der Frau zentrales Thema ist. Erste Ergebnisse an der Uniklinik Basel zeigen: Die für Mütter mit Depressionen entwickelte Gruppentherapie ist erfolgversprechend; im Verlauf der zwölf Gruppensitzungen plus Paargespräch wurden die depressiven Symptome weniger. Die Beziehung zwischen Mutter und Kind verbesserte sich ebenfalls.[25]

Hilfe für Mutter und Kind

Manchen Müttern tut es gut, wenn sie den Alltag zu Hause hinter sich lassen können. Sie haben die Möglichkeit, in eine psychiatrische Klinik zu gehen. Die Kosten für die Behandlung trägt meist die Krankenkasse. Nach wie vor fehlt es zwar vielerorts an spezifischen Einrichtungen, die die besonderen Bedürfnisse von Müttern berücksichtigen. Aber es gibt auch einige Kliniken, die Mutter und Kind gemeinsam aufnehmen (eine Übersicht über weitere Mutter-Kind-Einrichtungen und deren Angebote finden Sie im Internet unter www.schatten-und-licht.de). Eine stationäre Therapie dauert in der Regel sechs Wochen, in manchen Fällen, je nach Schwere der Erkrankung, auch länger oder kürzer, beispielsweise bei einer Krisenintervention. Im Krankenhaus wird als Erstes ein Diagnosegespräch stattfinden und dann gemeinsam mit der Betroffenen und ihrer Familie das weitere Vorgehen besprochen. Oft gehören Medikamente zur Therapie, außerdem psychotherapeutische Gespräche. Manche Einrichtungen bieten Gruppentherapien an. Um die Babys kümmern sich Krankenschwestern, Pfleger und Erzieher. In den meisten Kliniken gibt es Einzelzimmer, das Baby schläft dort in einem Kinderbett. Der Nachwuchs gilt als Besucher mit Übernachtung:

Kosten für Nahrung, Windeln und Kleidung werden nicht übernommen, Kinderbett, Babyphon und Wickeltisch in der Regel gestellt. Wenn die Mutter sehr erschöpft ist, gibt es auch die Möglichkeit, in der Klinik erst einmal aufzutanken und das Kind bei Verwandten oder Freunden zu „parken". Welche Lösung die beste ist, wird individuell vor Ort entschieden. Eine längere Trennung von der Mutter ist in den ersten Monaten nach der Geburt, so Bindungsforscher, sehr schlecht für die weitere psychische Entwicklung des Kindes. Sie gehen davon aus, dass sich aus der Wut über die Trennung zunächst Angst und dann Trauer und Verzweiflung entwickeln – Grundlage der meisten Ich- und Persönlichkeitsstörungen.[26]

Willkommen auf Station 43

„Mir wächst alles über den Kopf", „Ich möchte alles ungeschehen machen", „Ich wollte es allein schaffen, aber es geht nicht", „Ich bin eine schlechte Mutter, es wäre besser, mein Kind wäre bei jemand anderem", „Ich kann mein Kind nicht gut versorgen, ich versage in meiner Familie". Solche Sätze von verzweifelten Frauen hört Dr. Simone Schenk oft. Sie ist Diplompsychologin am Psychiatrischen Zentrum Nordbaden in Wiesloch. Diese Einrichtung bietet auf Station 43 ein spezielles Therapieprogramm zur Behandlung der psychischen Erkrankung der Mutter und zur Unterstützung der Mutter-Kind-Beziehung. Die Patientinnen sind 18 bis 45 Jahre alt, die Kinder zwischen einem Tag und 24 Monaten. Fünf Mütter können parallel aufgenommen und behandelt werden. Manchmal gibt es eine Warteliste, aber in der Regel klappt ein Termin nach zwei bis spätestens drei Wochen: „Die Frauen werden schnellstmöglich zu einem Vorgespräch eingeladen, bei dem die Aufnahme besprochen wird. In einigen Fällen erfolgt auch eine Beratung, wie eine medikamentöse oder auch stationäre Vorbehandlung in der Wartezeit aussehen könnte."

Die meisten betroffenen Frauen haben Schlafprobleme, sind erschöpft, freud- und antriebslos und haben ihrem Kind gegenüber keine Gefühle. Aber auch das Gegenteil wie beispielsweise innere Unruhe, Angst oder ständige Besorgnis um das Kind können äußere Anzeichen sein.

In der Behandlung ergänzen sich mehrere Bausteine gegenseitig. Mit der stationären Aufnahme erhält die Mutter Unterstützung und Entlastung bei der täglichen Versorgung ihres Nachwuchses. Sie wird beim Wickeln, Füttern und Baden durch das Pflegeteam und die Erzieherinnen unterstützt, lernt bei der Babymassage und im Spiel, die Bedürfnisse ihres Säuglings zu erkennen und seine Signale zu verstehen. Für die videogestützte Therapie werden Alltagsszenen von Mutter und Kind gefilmt. Im anschließenden Gespräch werden zunächst positive Interaktionen zwischen den beiden analysiert. Oft sehen und erleben sich die Frauen auf diesen Bildern zum ersten Mal seit ihrer Erkrankung als „gute Mütter". Anschließend werden gemeinsam mit der Therapeutin Verhaltensmuster bewusst gemacht und, wenn erforderlich, Alternativen hierzu erarbeitet. Ganz wichtig im Behandlungskonzept sind auch Paar- und Familiengespräche sowie Seminare mit weiteren Angehörigen. Eine verhaltenstherapeutische Müttergruppe beinhaltet beispielsweise Themen wie Rollenkonflikte, Bewältigungsstrategien bei Stress und Entwicklungsschritte des Kindes. In diesem Rahmen werden Belastungen in Partnerschaft und Familie bearbeitet, die oft Folgen der Erkrankung sind. Außerdem werden die Eltern zum gemeinsamen Umgang mit dem Baby motiviert. Ein bedeutsamer Aspekt ist die Teamarbeit, betont Dr. Schenk: „Pflegeteam, Erzieherinnen, Sozialarbeiterin, Ärzte, Psychotherapeuten und Psychologinnen wirken zusammen, um den Müttern möglichst schnell aus ihrer Not zu helfen." In der Regel bleiben die Frauen sechs Wochen auf Station 43, für diesen Zeitraum ist das Behandlungsprogramm angelegt. In Absprache mit der Patientin und ihrer Familie kann der Aufenthalt auch länger oder kürzer vereinbart werden.

„Ich habe als Mutter völlig versagt"

Frau V. kommt mit ihrem dritten Kind, ihrer Tochter Leonie, drei Monate nach der Geburt zur Mutter-Kind-Behandlung. Frau V.

ist von Beruf Lehrerin, ihr Ehemann EDV-Berater in einem großen Unternehmen. Seit der Geburt ihres ersten Kindes (ein Sohn) vor fünf Jahren ist sie nicht mehr berufstätig, zwei Jahre später wird ihr zweites Kind (eine Tochter) geboren. Ihre Situation bei der Aufnahme beschreibt sie als hoffnungslos: Sie ist völlig verzweifelt, schafft es nicht mit drei Kindern, kann sich nicht vorstellen, eine fünfköpfige Familie zu versorgen. Manchmal denkt sie, es wäre besser, Leonie wegzugeben, damit alles wieder so wird wie früher. Sie kann sich überhaupt nicht mehr an ihrer Familie freuen. Als besonders belastend empfindet sie die kreisenden Gedanken: „Es wird nie wieder gut mit mir und meiner Familie; ich habe als Mutter völlig versagt, ich werde nie wieder gesund und ein Pflegefall."

Leonie ist in ihren ersten drei Lebensmonaten ein sehr anstrengendes Baby gewesen. Frau V. hat zwar auf Anraten abgestillt und ihr Mann hat nachts die Versorgung der Kleinen übernommen. Trotzdem kann sie überhaupt nicht mehr schlafen. Kurze depressive Verstimmungen hatte Frau V. in Prüfungszeiten und nach der Geburt des ersten Kindes. Bisher war sie immer nach einiger Zeit wieder zurechtgekommen – ohne psychiatrisch-psychotherapeutische Behandlung. Als Frau V. jetzt auf Station 43 aufgenommen wird, hat sie bereits einen vierwöchigen stationären Aufenthalt in der Psychiatrie hinter sich – ohne Leonie. Trotzdem klagt die Patientin zu Beginn über ihre weiterhin großen Ängste. „Wie soll es weitergehen? Werde ich je wieder gesund und kann meine Kinder versorgen?" Nach Abklingen der Depression, nach sechs Wochen, konnte Frau V. ohne Ängste und Versagensgefühle nach Hause entlassen werden.

Und danach? „Die Betreuung nach der stätionären Behandlung bei uns wird möglichst konkret geplant und auch schon in die Wege geleitet", berichtet die Diplompsychologin Dr. Schenk. Dazu gehört die Weiterbehandlung durch einen niedergelassenen Psychotherapeuten oder Psychiater, der möglichst auch Erfahrung im Bereich Mutter-Kind-Therapie hat. Außerdem wird empfohlen, dass die Frau vorübergehend durch eine Haushaltshilfe entlastet wird. Väter und andere Angehörige werden über die weitere Betreuung informiert. „Auch eine Wiederaufnahme ist generell möglich, eine Patientin kann so oft kommen, wie es nötig ist", versichert Dr. Schenk. Meist ist in diesen Fällen aber nur eine kurze Krisenintervention nötig. Mehr Infos dazu unter: www.mutter-kind-behandlung.de.

Unterstützung in Heppenheim

„Leider gibt es bei uns nur wenig Angebote, die den Bedürfnissen von Mutter und Kind bei psychischer Erkrankung der Mutter gerecht werden", bedauert auch Dr. H.-P. Hartmann. Als Facharzt für Psychiatrie, Neurologie, Psychotherapie und Psychoanalyse leitet er die Mutter-Kind-Station in Heppenheim. „Dabei ist eine wichtige Ergänzung zur ambulanten Behandlung solcher Erkrankungen die stationäre gemeinsame Aufnahme von Mutter und Kind", weiß Dr. Hartmann aus Erfahrung. Aufgenommen werden im Zentrum für Soziale Psychiatrie Bergstraße in Heppenheim Mütter und Väter und ihre Kinder im Alter von null bis sechs Jahren. Isabel, 28, war bereits zweimal in Heppenheim, weil sie sich durch die Anforderungen des Mutterseins überfordert fühlte und häufig müde und erschöpft war. Das erste Mal kam sie vier Monate nach der Geburt von Sohn Oliver. „Dort herrscht eine sehr persönliche Atmosphäre, es gibt nur elf Plätze. Ich habe mich sehr wohl gefühlt", berichtet Isabel. Ihr Partner konnte jedes Wochenende bei ihr im Einzelzimmer übernachten, nach Absprache auch unter der Woche. Auch heute hat Isabel noch Kontakt mit der Therapeutin. Es tut ihr sehr gut, zu wissen, dass sie dort jederzeit wieder um Rat und Hilfe nachfragen kann.

Selbsthilfegruppen machen Mut

Frauen mit leichten depressiven Störungen finden Rat und Hilfe in Selbsthilfegruppen. Allerdings kann die Gruppe keine Therapie ersetzen, sie stellt lediglich ein Zusatzangebot dar. Dort kommen Menschen mit ähnlichen Problemen zusammen, um sich auszutauschen und gegenseitig zu helfen. Man trifft sich regelmäßig, meist einmal pro Woche, manchmal aber auch nur ein- oder zweimal monatlich. Wichtig zu wissen: In der Gruppe sind keine Ärzte oder Psychologen. Bei NAKOS (Nationale Kontakt- und Informationsstelle zur Anregung und Unterstützung von Selbsthilfegruppen) gibt es Informationsmaterial über bestehende Selbsthilfegruppen, Starthilfe für den Aufbau einer Gruppe und jede Menge weiterer Tipps rund um dieses Thema. Europaweite Selbsthilfevereinigungen findet man in den „orangenen Adressen". Mehr unter www.nakos.de.

Über die bundesweite Selbsthilfeorganisation www.schatten-und-licht.de erhalten Interessierte Adressenmaterial zum Themenkomplex: übersichtlich zusammengestellt nach Orten von Aachen über Fürstenfeldbruck, Magdeburg, Ulm bis Würzburg und mit Angabe von Kontaktpersonen. Ebenso Tipps zur Gründung einer Selbsthilfegruppe mit Aspekten wie Raumsuche, Öffentlichkeitsarbeit – dazu gehört auch die Meldung der Gruppe bei der AOK- und BKK-Geschäftsstelle, beim Gesundheitsamt und anderen Behörden der Stadt – und die Gestaltung der Treffen. Über den Verein gibt es ebenfalls Kontakte oder Angebote zu Aus- und Fortbildungen.

Die Krise als Chance

Wie oben erwähnt gibt es kein Patentrezept, damit alles schnell vorbei ist. Insofern ist die Krise auch eine Chance, die Einstellung zum Frau- und Muttersein zu überdenken, Beziehungen unter die Lupe zu nehmen. So hat beispielsweise Katrin durch die postpartale Depression und ihre Bewältigung gelernt, genauer hinzuschauen und sich zu fragen: Was ist mir eigentlich wichtig? Was will ich im Leben erreichen? Was soll ich verändern? Wovor habe ich bisher die Augen zugemacht? Sie weiß, dass sie auch für sich sorgen muss: Schwächen zulassen, sich vom Perfektionismus verabschieden, Auszeiten einplanen. Abende nur für sich und ihren Mann organisieren. Aufgaben an Oma oder Opa oder auch Freunde delegieren. Damit auch bei ihr die

Gleichung aufgeht: zufriedene Mutter = zufriedenes Baby. Katrin muss und kann keine Supermutti sein. Und viele Dinge lassen sich mit einem Kind einfach nicht mehr so perfekt erledigen wie bisher.

Für manche Frauen ist die Krise eine gute Gelegenheit, mit der eigenen Mutter über die Zeit der Schwangerschaft zu reden und darüber, wie die Geburt und die Zeit danach damals verlaufen ist. Die Beziehung der beiden spielt unter Umständen eine sehr wichtige Rolle bei der Entstehung einer nachgeburtlichen Depression. In der Regel werden mögliche Erschöpfungszustände nämlich nicht thematisiert, der „Mythos von der starken, selbstlosen Mutter, die ihre wahren Empfindungen verbirgt“[27], wird von Generation zu Generation weitergegeben. Das Tabuthema anzusprechen, kann also durchaus für beide bereichernd und entlastend sein. Die eigene Mutter ist diejenige Person, mit der sich die Tochter am meisten, wenn auch oft widerstrebend, identifiziert. Und dabei unter Umständen feststellen muss, dass sie vielleicht die gleiche Art Mutter verkörpert – obwohl sie doch auf keinen Fall so werden wollte. Allein das Nachdenken darüber bringt Klarheit in manche Verhaltensweisen.

Schutz vor postpartaler Depression

Es gibt keine Garantie, nach einer Geburt nicht an einer Depression zu erkranken. Die Krankheit kennt keine sozialen Unterschiede. Entspannungsübungen und Aufklärung während der Schwangerschaft sind wichtig, haben aber keine vorbeugende Wirkung. Eine postpartale Depression überfällt die Mutter völlig unvorbereitet und kündigt sich in der Regel während der Schwangerschaft nicht durch besondere Symptome an.

Ein höheres Risiko haben Frauen, die bereits zu anderen Zeiten unter depressiven Störungen gelitten haben. In solchen Fällen ist es wichtig, bereits im Vorfeld mit der Frauenärztin über präventive Maßnahmen zu sprechen. Ganz praktische Tipps: Nichts Größeres wie beispielsweise einen Umzug für die Zeit der Schwangerschaft und danach planen. Veränderungen gleich welcher Art verursachen erfahrungsgemäß Stress. Oder einfach die wichtigsten Stressfaktoren kritisch unter die Lupe nehmen und wenn möglich verändern. Dazu gehört ebenso, dass der Terminkalender durchforstet wird.

Hilfreich ist es auch, den Alltag mit dem Säugling zu durchdenken: schon im Vorfeld bei Familie und Freundinnen wegen Unterstützung im Haushalt und Betreuung des Säuglings anfragen (Wäsche machen, einkaufen, mit dem Baby spazieren gehen usw.), sicherstellen, dass die Hebamme nach der Entbindung Zeit für Gespräche hat. Lässt es sich einrichten, dass der Partner ein paar Wochen Urlaub nimmt und die neue Familie mehr Zeit hat, sich aufeinander einzustellen?

Vergleichende Berichte von Frauen mit und ohne postpartale Depression machen deutlich: Es gibt auch schützende Faktoren.[28] Dazu zählt, dass beispielsweise eigene belastende Ereignisse weitgehend verarbeitet werden konnten. Hilfreich ist es auch, wenn die Beziehung zur eigenen Mutter unproblematisch ist. Außerdem schützend: ein stabiles Selbstwertgefühl, keine Depressionen in der Familiengeschichte, ein offener Umgang mit Ängsten. Wer seine eigenen Bedürfnisse und auch Grenzen (!) wahrnimmt, eine gute Partnerschaft lebt und vor der Schwangerschaft mit seinem Leben zufrieden war, erkrankt seltener an postpartaler Depression.

Alternative Behandlungsmöglichkeiten

Hormone sind körpereigene Signalstoffe, die in bestimmten Zellen Veränderungen bewirken. Alle wesentlichen Aktivitäten des Organismus werden durch Hormone gesteuert: etwa Wachstum, Körpertemperatur, Stressreaktion und Verdauung.

In den ersten Wochen der Schwangerschaft steigen die Hormone Progesteron und Östrogen sehr stark an. Nach der Geburt, wenn die Plazenta abgestoßen wird, fallen die Hormonwerte rapide. Untersuchungen zufolge besteht allerdings kein zwingender Zusammenhang zwischen diesen hormonellen Veränderungen nach der Entbindung und auftretenden psychischen Störungen. Die britische Endokrinologin Katharina Dalton vertritt einen ganz anderen Standpunkt: dass postpartale Probleme durch ein hormonelles Ungleichgewicht entstehen und die rechtzeitige Behandlung mit natürlichem, aus der Yamswurzel gewonnenem Progesteron eine wirksame Vorbeugung leisten kann. Da Progesteron nur schwer durch die Haut ins Blut übergeht, sind Salben und Pflaster nicht geeignet. Die Hormongabe muss in Form von Kapseln, Zäpfchen oder Spritzen erfolgen, und zwar direkt nach der Entbindung für zwei Monate (oder bis zum Einsetzen der Menstruation). Vorsicht ist jedoch geboten bei schweren Lebererkrankungen, Thrombosen, Sehstörungen und Migräne.

Die präventive Progesteronbehandlung nach Katharina Dalton[29] – bisher in Deutschland kaum bekannt – sollte angeboten werden für:
Frauen, die früher schon einmal eine Wochenbettdepression oder -psychose hatten
Frauen, deren Mütter, Schwestern oder Tanten schon einmal eine Wochenbettdepression oder -psychose hatten
Frauen mit schwerem prämenstruellen Syndrom (PMS)
Frauen, die sich nach der Entbindung sterilisieren lassen wollen
Frauen, die fünf Jahre oder länger die Pille genommen haben.

Alternative Behandlungsmöglichkeiten – wie die Plazenta-Prophylaxe und die Diosgenin-Öl-Prophylaxe – für den drastischen Hormonabfall nach der Entbindung – empfiehlt der Verein Schatten & Licht.
Plazenta-Prophylaxe: Nach altem Hebammenwissen wird aus dem Mutterkuchen „Plazenta-Pulver" hergestellt: Mutterkuchen nach der Geburt bei max. 45 Grad über ca. 36 Stunden trocknen lassen (am besten im Backofen). Danach ein Stück abbrechen, anfangs einmal wöchentlich eine Messerspitze davon einnehmen. Trocken aufbewahren.

Diosgenin-Öl-Prophylaxe: Das pflanzliche Öl soll auf natürliche Art und Weise die körpereigene Progesteron-Herstellung anregen. Es wird äußerlich angewendet: an der Innenseite der Oberarme oder Oberschenkel tropfenweise einreiben. Mit einem Tropfen beginnen, langsam steigern. Es bestehen keine Gegenanzeigen, die Anwendung ist auch während der Stillzeit möglich.

Postpartale Depression und Männer

Auch Männer können übrigens, nachdem sie Vater geworden sind, depressive Störungen entwickeln. Nur selten erkranken sie jedoch an einer Depression, die mit Antidepressiva und Psychotherapie behandelt werden muss. Aber auch für sie ist das Leben mit dem Nachwuchs ein sehr einschneidendes Lebensereignis: Die Partnerin hat sich körperlich verändert, ist nicht mehr nur für den Mann allein da, sondern in hohem Maße auf das Baby konzentriert. Er bekommt weniger Schlaf, nach der Arbeit im Büro warten zu Hause Mutter und Kind plus Aufgaben auf ihn, dazu jede Menge Verantwortung für einen kleinen Menschen und das Familieneinkommen. Hinzu kommt die Einsicht, dass das Leben niemals wieder so sein wird wie früher. Etwa fünf bis sieben Prozent der Väter weisen nach der Geburt ihres Kindes depressive Symptome auf. Spielen also die psychischen Belastungen doch eine bedeutendere Rolle bei den postpartalen Depressionen als die hormonellen Umstellungen?[30] Auf jeden Fall müssen auch Männer lernen, über ihre Ängste zu sprechen und unter Umständen Hilfe suchen, damit sie sich an ihrer neuen Familie freuen und die Zeit mit dem Kind genießen können.

Mein Kind

Ich habe mein Kind
begraben
das ich nicht gebar

Es war
vollkommen

Rose Ausländer[1]

Posttraumatische Belastungsstörung: Der Schock sitzt tief

Eine Schwangerschaft ohne größere Probleme, eine „normale“ Geburt und ein gesundes Kind: Das alles ist keine Selbstverständlichkeit, sondern ein Geschenk. Manche Frauen, die eine Abtreibung erlebt, Schwangerschaft und Geburt traumatisch erfahren haben oder eine Totgeburt hatten, entwickeln eine so genannte posttraumatische Belastungsstörung. Zum Glück trifft es nur wenige, aber die Betroffenen leiden massiv. Um das Erlebte verarbeiten zu können, ist es besonders wichtig, darüber zu reden.

Typische Symptome der posttraumatischen Belastungsstörung (PTBS) sind Alpträume von dem traumatischen Erlebnis, Schlafstörungen, Reizbarkeit, Schreckhaftigkeit. Die Betroffenen vermeiden alles, was sie daran erinnern könnte. Nach einer schwierigen Entbindung haben sie natürlich Angst vor einer weiteren Geburt. Häufig kommen Probleme mit dem Neugeborenen hinzu. Die Mütter können keine richtige Beziehung zu ihm aufbauen.

Diese psychische Erkrankung tritt in der Regel in den ersten Tagen bis Wochen nach der Entbindung auf und kann Wochen bis Monate dauern. In manchen Fällen geht es den Frauen im Laufe der Zeit von selbst besser, andernfalls wird eine psychotherapeutische Betreuung empfohlen, in schweren Fällen auch eine Behandlung mit Antidepressiva.

„Es war ein Junge. Alles war voller Blut"

„Ich fühle mich als Versagerin, bin zu blöd zum Kinderkriegen und dazu immer wieder diese schrecklichen Bilder im Kopf", erzählt Raphaela, 33 Jahre. Sie hatte in der 16. Schwangerschaftswoche leichte Blutungen, aber Frauenärztin und Notarzt beruhigten sie: „Das ist altes Blut, keine Sorge. Ruhen Sie sich aus, das hat man mal." Mitten in der Nacht setzen die Wehen ein und das Kind wird tot geboren. „Es war ein Junge. Alles war voller Blut", erinnert sich die Lehrerin. Der Notarzt bringt sie in die Klinik. „Im Krankenhaus haben sie mich erst einmal eine Stunde liegen gelassen, ich wäre fast verblutet." Raphaela bekommt eine Ausschabung und Schlaftabletten, „um die ersten Bilder aus dem Kopf zu kriegen und zu schlafen. Es ging gar nicht anders." Zu Hause dann weiter Horror pur. Der Milcheinschuss setzt ein, man hatte im Krankenhaus die Abstilltabletten vergessen.

Als die junge Frau körperlich wieder fit ist, sucht sie professionelle Hilfe – der Beginn einer Odyssee, wie sie rückblickend erzählt. Zuerst geht sie mit ihrem Mann in eine Gruppe verwaister Eltern: Das Einzelgespräch mit dem Pastor tut beiden gut, aber Gruppengespräche sind nichts für sie. Dann hat sie einen Termin bei einem Frauenarzt, der auch Psychologe ist. „Der hat mich überhaupt nicht ernst genommen. Ich musste zwei Stunden warten, anschließend hat er mich zehn Sekunden untersucht und ging dann raus zu einer anderen Patientin. Bei der weiteren Untersuchung klingelte innerhalb von zehn Minuten dreimal das Telefon." Nach einer weiteren Stunde im Wartezimmer verlässt sie die Praxis. Die nächste Station ist eine Psychologin, die ihr Globuli gibt und rät, Raphaela solle ihr Trauma in einen Luftballon packen und zum lieben Gott schicken.

Die Suche nach Hilfe geht weiter. Nach einem Beratungsgespräch in einer Vermittlungsstelle für Psychologen bekommt sie drei Adressen von Therapeuten, die Erfahrung mit posttraumatischen Belastungsstörungen haben. Endlich finden Raphaela und auch ihr Mann das, was sie suchen.

„Ein Kind auf Bestellung gibt es nicht"

Diese Katastrophe hat ihre Ehe, ihr ganzes Leben total verändert. „Ein Kind auf Bestellung gibt es eben nicht. Ich muss zusehen, dass unsere Beziehung daran nicht kaputt geht", berichtet Raphaela. Regelmäßig geht sie zur Gesprächstherapeutin und schaut sich an, was in ihrem Leben passiert ist. „Es gibt Tage, da geht es mir sehr schlecht, vor allem, wenn ich meine Periode bekomme. Dann sehe ich auch wieder dieses Bild vom Blut." Aber solche Tage werden weniger, die Momente kürzer. Und Raphaela gibt die Hoffnung nicht auf, dass diese Eindrücke bei einer erfüllten Schwangerschaft in den Hintergrund treten.

Über Geburtserlebnisse sprechen

Eine Querschnittsstudie zeigt, dass 1,7 Prozent der Frauen nach der Geburt eine posttraumatische Belastungsstörung entwickeln.[2] Der britische Psychologe Dr. Stephan Joseph von der Universität Warwick geht sogar von zwei bis fünf Prozent Betroffenen aus. Noch viel häufiger sei, dass nicht das volle Belastungssyndrom auftrete, sondern die Frauen nur an einzelnen Symptomen leiden. Es ist noch wenig bekannt, wie diese Störung entsteht. So konnte beispielsweise nicht belegt werden, dass Frauen mit Notkaiserschnitt eher betroffen sind. Auch das individuelle Geburtserleben scheint nicht in direktem Zusammenhang mit den Symptomen zu stehen.[3] Aber: Frauen, die bereits eine traumatische Entbindung erlebt haben, sollten in einer weiteren Schwangerschaft besonders intensiv betreut werden. Als vorbeugende Maßnahme fordern Experten Geburtshelfer, Hebammen und Ärzte auf, direkt nach der Entbindung und in den Folgetagen die Geburtserlebnisse zu besprechen und eventuell zu erklären, warum bestimmte Handlungen notwendig waren.[4]

Informationen bei Verlust eines Kindes gibt es bei der Initiative Regenbogen „Glücklose Schwangerschaft“ e.V:
www.initiative-regenbogen.de, www.leere-wiege.de
oder www.schmetterlingskinder.de.

Goldenwarm
liegt die Novembersonne
auf meinem Fensterbrett

sie raubt
dem Tod das Sterben
malt
schillernde Lichter vom Glück

gedämpfte Welt
du täuschest mich nicht

das Sterben
findet dennoch statt

in mir
ganz leise verklärt
im Herbst-Sonnen-Licht.

Brigitte Wunsch

Postpartale Psychose: Der Realität entrückt

Sie ist sehr selten, dafür aber die schwerste psychische Störung nach der Geburt: die postpartale Psychose. Diese bedrohliche Krankheit tritt in den ersten Tagen bis Wochen nach der Entbindung auf: Bei etwa 75 Prozent der Betroffenen innerhalb der ersten zwei Wochen[1], bei Stressfaktoren wie plötzlichem Abstillen oder Schlafmangel kann die postpartale Psychose auch später hinzukommen.

Eine postpartale Psychose muss sofort stationär behandelt werden, da die Mutter den Kontakt mit der Realität verliert und das Kind in Gefahr ist. Diese psychische Erkrankung kommt bei einer bis drei von tausend Frauen vor.[2] Wodurch sie ausgelöst wird, ist nicht genau bekannt. Untersuchungen zeigen, dass Erstgebärende ein höheres Erkrankungsrisiko haben als Mehrgebärende.[3]

Das Leben von Mutter und Kind ist in Gefahr

Schlafstörungen und Ängste können frühe Anzeichen sein. Weitere Symptome sind irrationale Gedanken wie: „Sie haben mir mein Baby weggenommen", Fantasiewelten oder grüblerische Gedanken und Desorientierung. Ebenfalls gut beobachtet werden müssen Mütter, die ihr Kind ablehnen oder weggeben wollen. Tragisch ist, dass Frauen mit einer Psychose ihre Welt für die Realität halten und entsprechend handeln. Viele Frauen leiden unter extremen Wahnvorstellungen, ihr Kind töten zu müssen. Sie müssen stationär behandelt werden – mit entsprechenden Psychopharmaka und je nach Schwere der Erkrankung mit Psychotherapie.

Im streng medizinischen Sinne werden drei Formen der Psychose unterschieden: die depressive Form – bei ihr stehen Antriebs-, Bewegungs- und Teilnahmslosigkeit im Vordergrund, die Mutter fühlt sich als Versagerin; die manische Form mit großer Antriebssteigerung und motorischer Unruhe, Verworrenheit und Wahnvorstellungen; die schizophrene Form mit Halluzinationen und Wahnvorstellungen. Manche Frauen hören Stimmen oder sehen Menschen und Tiere, die nicht existieren. Typisch sind allerdings Mischformen.

Das Leben ist nicht immer so,
wie man es sich wünscht.
Der einzige Weg zum Glücklichsein ist,
das Beste daraus zu machen.

Jennie Churchill

Prämenstruelles Syndrom: Die schwierigen Tage vor den Tagen

Schon seit dem Altertum wird berichtet, dass einige Frauen innerhalb ihres Zyklus Stimmungsschwankungen haben. Diese Tatsache macht es allerdings nicht einfacher: Das so genannte prämenstruelle Syndrom (PMS) ist mit seinen zahlreichen körperlichen und seelischen Beschwerden, die in den Tagen vor der Menstruation auftreten können, kompliziert und vielschichtig. Denn die Symptome wie zum Beispiel Reizbarkeit, Schlafstörungen, Stimmungsschwankungen und Appetitveränderungen variieren auch noch von Zyklus zu Zyklus und von Frau zu Frau. Da ist es gut zu wissen, was Monat für Monat im Körper passiert, welche Rolle die Hormone spielen und dass es einige Risikofaktoren gibt, an PMS oder der stärkeren Form PMDS zu erkranken. Und die richtig gute Nachricht: Man muss diese Beschwerden nicht ertragen. Es gibt Behandlungsmöglichkeiten.

Es ist immer dasselbe. Antje, 32, fühlt sich in den Tagen vor ihrer Menstruation total unwohl. Die Brust schmerzt, die Haut ist voller kleiner Pickel, der Unterleib aufgedunsen. Dazu noch Kopfschmerzen und immer dieser Heißhunger auf Schokolade. Und das Monat für Monat. Mit diesen Beschwerden ist Antje jedoch nicht allein. Ein Viertel aller Frauen im gebärfähigen Alter nimmt, so der Berufsverband der Frauenärzte, in der zweiten Zyklushälfte körperliche und/oder psychische Veränderungen wahr. Sie beginnen nach dem Eisprung und hören meist sofort mit dem Einsetzen der Blutung auf. Antje gehört zu den rund dreißig Prozent der Frauen – die Angaben schwanken je nach Diagnosekriterien zwischen zwanzig und fünfzig Prozent[1] –, die unter einem behandlungsbedürftigen prämenstruellen Syndrom (PMS) leiden.

Bei Birgit, 28, ist es noch schlimmer. Sie hat zusätzlich Angstgefühle, ist total erschöpft und depressiv. Auffallend ist ihre extreme Reizbarkeit. Schon kleinste Irritationen können sie auf die Palme bringen. Der Arzt diagnostiziert PMDS, eine prämenstruelle dysphorische Störung (dysphorisch = gereizt, angespannt), sozusagen ein verschärftes PMS mit dem Schwerpunkt auf psychischen Symptomen. Etwa zwei bis zehn Prozent aller Frauen haben damit zu kämpfen. In der Öffentlichkeit und auch bei Ärzten werden Beschwerden im Zusammenhang mit dem Zyklus allerdings nur selten als behandlungsbedürftig eingestuft. Oft sind Sätze zu hören wie: „Stell dich nicht so an", „Jeden Monat das gleiche Theater", „Das geht schon vorbei", „Bist du etwa schon wieder zickig?" Dabei ist die schwere Form mit sehr großem Leidensdruck der Frauen verbunden.

Von der Pubertät bis zur Menopause

Nur wer weiß, was jeden Monat im Körper einer gebärfähigen Frau vor sich geht, kann die auftretenden Symptome einordnen. Tage, Periode, Monatsblutung, Regel, Menstruation (das Wort Menstruation stammt vom lateinischen Wort mensis, das Monat bedeutet) – viele Begriffe für ein Szenario, das sich im weiblichen Körper monatlich wiederholt. Der Menstruationszyklus bezeichnet den ersten Tag einer Menstruationsblutung bis zum letzten Tag vor der folgenden Blutung. Der erste Zyklustag ist also der erste Tag der Periode, der Regel oder der Monatsblutung.

Jeden Monat, von der Pubertät bis zur Menopause (letzte Regelblutung), wird die Gebärmutter so ausgekleidet, dass sich eine befruchtete Eizelle einnisten kann. Wird eine Eizelle nicht befruchtet, wird die Gebärmutterschleimhaut abgestoßen und es kommt zu einer Blutung. Diese Zeitspanne beträgt durchschnittlich 28 Tage. Tatsächlich haben allerdings nur wenige Frauen einen exakten 28-Tage-Zyklus. Die Spanne reicht von 23 bis 40 Tagen. Bei sechzig von hundert Frauen schwankt die Zykluslänge in einem Jahr sogar um mehr als eine ganze Woche. Keine Frau hat ein Jahr lang immer Zyklen von genau derselben Länge. Ausnahme: Sie nimmt die Pille. Dann wird das Szenario chemisch geregelt und Mutter Natur spielt keine Rolle.

Rund 450-mal kann eine Frau in ihrem Leben schwanger werden. Aber wie errechnet sich diese Zahl und wie fängt eigentlich alles an? Zwischen dem 12. und 15. Lebensjahr bekommen Mädchen durchschnittlich ihre erste Regelblutung. Die dauert dann bis zum 45. oder 50. Lebensjahr. So ergeben sich, bei einem durchschnittlichen Zyklus von 28 Tagen, etwa 450 Möglichkeiten im Leben einer Frau, zum Zeitpunkt des jeweiligen Eisprungs schwanger zu werden. Studien zum Thema Frauen und Fruchtbarkeit haben übrigens ergeben: An den fruchtbaren Tagen des Zyklus steigt die Vorliebe für harte Kerle. Vermutlich, weil sie Gesundheit und gute Gene zu vergeben haben. Ehetauglich sind diese Typen allerdings weniger: Für eine dauerhafte Beziehung finden Frauen während der fruchtbaren Tage die Machos nicht besonders attraktiv.[2]

Phasen des Menstruationszyklus

Der Menstruationszyklus[3] lässt sich in Phasen aufteilen:
Die ersten fünf Tage der Monatsblutung sind die menstruelle Phase oder **Menstruation**. Die Gebärmutterschleimhaut wird abgestoßen. Vom fünften Tag an produzieren die im Eierstock wachsenden Follikel (Eibläschen) zusätzliches Östrogen.

Vom sechsten bis zum 14. Tag dauert die so genannte follikuläre Phase oder **Follikelreifungsphase**, in der immer mehr Östrogen gebildet wird. Die Gebärmutterschleimhaut wird wieder aufgebaut, sie wird dick und samtig und ist stärker durchblutet. Ist die Eizelle reif, verlässt sie den Eierstock und wandert den Eileiter hinunter. Dieser Vorgang wird als Eisprung bzw. Ovulation bezeichnet, er vollzieht sich etwa 14 Tage vor der Blutung.

Die dritte Phase ist die sekretorische (ausscheidende) Phase oder **Lutealphase** vom 15. bis 28. Zyklustag. Nach dem Eisprung bewegt sich das Ei etwa vier Tage lang durch den Eileiter in Richtung Gebärmutter. Wird es während dieser Zeit nicht befruchtet, sinken die Werte der Hormone Progesteron und Östrogen. Die Gebärmutterschleimhaut bekommt keinen Sauerstoff und keine Nährstoffe mehr, die Zellen sterben ab. Mit der monatlichen Blutung stößt der Körper das abgestorbene Gewebe ab. Dies ist die Phase in der zweiten Zyklushälfte, in der sich PMS-Symptome entwickeln können.

Monatsblutung: Darüber spricht man nicht

Das Thema Monatsblutung ist bei uns auch heute immer noch ein wenig anrüchig, nicht gesellschaftsfähig, man spricht nicht darüber. Igitt! Die Blutung ist lästig und hoffentlich schnell vorbei. Welche Anpassungsleistung der weibliche Körper mit dem Zyklus Monat für Monat vollbringt, wird leider viel zu selten thematisiert. So kommt es, dass manche Mädchen ihre Tage wie eine monatlich wiederkehrende Krankheit erleben. Eine ganz andere Sicht der Dinge will das Aufklärungsbuch „Was ist los in meinem Körper? Zyklus, Tage, Fruchtbarkeit“ von der Ärztin Dr. med. Elisabeth Raith-Paula vermitteln. In lockerer, unkonventioneller Sprache erklärt die Mutter einer zwölfjährigen Tochter jungen Mädchen von zehn bis 13 Jahren, welche Signale der Körper sendet. „Du erfährst von spannenden Dingen, die dich als Frau in deinem Fühlen, Denken und Handeln ein ganzes Leben lang prägen.“ Das Wunder der Natur wird den jungen Leserinnen (und auch Müttern und Großmüttern) auf anschauliche Weise näher gebracht. Sie werden ermutigt, ihren Körper und dessen zyklische Veränderungen kennen zu lernen. Und es gibt ja durchaus viel Schönes zu berichten: Beispielsweise nehmen manche Frauen in der Zeit vor und während der Blutung Düfte intensiver wahr, empfinden Zärtlichkeiten sinnlicher, haben leichter Zugang zu den Tiefen ihrer Seele und ihres Unbewussten. Sie entwickeln mehr Kreativität und Intuition, erleben Glück und Unglück intensiver als sonst.

Andere Länder, andere Sitten

Die so genannte Menarche, die erste Regelblutung, wird in anderen Kulturkreisen sogar festlich begangen. So feiern die Aborigines in Australien das Ereignis mit einem großen Frauenfest. In Japan werden Gäste zum „Fest der ersten Blüte" eingeladen. Rote Blüten und rot kandierte Äpfel als Tischdekoration signalisieren: Es ist soweit. In Nigeria gilt das Mädchen am Tag seiner ersten Blutung als Glücksbringerin. Es geht über die Felder des Dorfes und lässt, um den Boden zu segnen und für eine reiche Ernte zu bitten, ein paar Tropfen seines Blutes auf die Erde fließen.[4] Laut Statistik freuen sich bei uns allerdings nur etwa zehn Prozent der Mädchen über ihre erste Blutung und feiern sie auch.[5]

Eine „Schlamperlschublade" für Beschwerden

Nicht allen geht es während ihres Zyklus immer gut. Studien belegen, dass manche jungen Frauen die körperlichen Veränderungen der Pubertät oft schlecht ertragen, mit ihrem Aussehen unzufrieden sind und Essstörungen entwickeln, weil sie sich zu dick vorkommen. Im Alter von 13 bis 16 Jahren entwickeln Mädchen auch öfter Depressionen als Jungen.

Auch Marianne, 16, fühlt sich gegen Ende der zweiten Zyklusphase immer müde und schlapp. Sie ist zu nichts aufgelegt, hat nah am Wasser gebaut. Anderen Mädchen und Frauen geht es in der Zeit vor der nächsten Periode mit einigen Beschwerden ähnlich. Sie leiden unter einem aufgeblähten Bauch, depressiven Verstimmungen, Hautunreinheiten, Pickeln und fettigen Haaren. Sobald die Periode eintritt, ist alles wieder vorbei. Dr. Raith-

Paula erklärt ihren Leserinnen diese Befindlichkeiten ganz simpel: „Hast du schon einmal etwas vom so genannten PMS gehört, vom prämenstruellen Syndrom? Bei diesem medizinischen Fachausdruck handelt es sich um eine Art Schlamperlschublade, in die all die Beschwerden, unter denen Frauen an den Tagen vor den Tagen leiden können, einsortiert werden. Und wie in einer Schlamperlschublade sucht man vergebens nach einem Ordnungsprinzip, nach einer Ursache für das gestörte Wohlbefinden der Frauen." Für die Mädchen reicht diese Erklärung vorerst aus. Aber es gibt natürlich wesentlich mehr über PMS & Co. zu erfahren.

PMS – wenn der Körper rebelliert

Beim prämenstruellen Syndrom stehen die körperlichen Beschwerden im Vordergrund. Es kann jede Frau erwischen – von der Pubertät bis zur letzten Regelblutung um die 50. Danach – und auch in der Schwangerschaft – sind die Symptome verschwunden. Frauen ohne Eisprung leiden nicht darunter. Interessant ist das Timing: Die Symptome kommen jeden Monat wieder, etwa zwei bis 14 Tage vor dem Einsetzen der Menstruation. Bei den meisten Frauen hören sie mit der Periode auf und sind spätestens in der ersten Phase des Zyklus vorbei. Frauen Mitte Zwanzig sind am häufigsten betroffen, die Störung kann aber zu jedem Zeitpunkt nach der ersten Regelblutung beginnen.[6]

PMS läuft nach unterschiedlichen Mustern ab – das erschwert die Einordnung.[7]

- Muster 1: Symptome beginnen in der Woche vor der Monatsblutung und verschwinden im Verlauf der Periode.
- Muster 2: Beschwerden beginnen um den Eisprung und dauern etwa zwei Wochen bis zum Einsetzen der Periode.
- Muster 3: Kurzer Anflug der Symptome um den Eisprung herum, dann wieder eine Woche vor der Monatsblutung. Häufig sind Teenager betroffen.
- Muster 4: Die Beschwerden beginnen mit dem Eisprung und

dauern die nächsten Wochen an, auch während der Blutung. Die Betroffenen sind nur sieben bis zehn Tage beschwerdefrei.

Symptome von A wie Angst bis Z wie Zunahme des Gewichts

Die Liste der PMS/PMDS-Symptome ist lang, mittlerweile beläuft sie sich auf rund zweihundert körperliche und seelische Beschwerden, die auftreten können. Unterteilt nach Stimmungsveränderungen, kognitiven Veränderungen und körperlichen Veränderungen kommen am häufigsten vor:[8]

Stimmungsveränderungen
Depressive Verstimmungen
Verändertes Interesse an Sexualität
Wut und Aggression
Angst
Nervosität
Verschlimmerung bereits vorhandener seelischer Beschwerden wie Depressionen
Müdigkeit und Schlappheit
Reizbarkeit
Stimmungsschwankungen
Weinerlichkeit

Kognitive Veränderungen
Verwirrtheit
Schwierigkeiten, bei einer Sache zu bleiben
Vergesslichkeit
Mangel an Koordination

Körperliche Veränderungen
Akne und Hautausschläge
Bauchschmerzen oder -krämpfe
Appetitschwankungen
Rücken- und andere Schmerzen

Aufgedunsenheit
Brustempfindlichkeit
Änderung der Stuhlgewohnheiten
Mehr oder auch weniger Energie
Verschlimmerung bestehender körperlicher Probleme
Kopfschmerzen
Muskel- oder Gelenkbeschwerden
Schwellungen im Gesicht, an Bauch, Knöcheln, Fingern
Schlafstörungen
Gewichtszunahme

Es gibt so viele Symptome und unterschiedliche Auslöser, dass Experten versucht haben, PMS-Typen zu bestimmen. Je nachdem, welche Beschwerden im Vordergrund stehen, erfolgt die Einordnung nach PMS A, PMS D, PMS H und PMS K.[9]

PMS A: „Dr. Jekyll und Mr. Hyde"
Im Vordergrund steht Angst, außerdem Wut, Reizbarkeit, grundloses Weinen, verbale und manchmal auch körperliche Beleidigungen, Kontrollverlust.
PMS D: „Tief im Keller sein"
Im Vordergrund steht Depression, außerdem Verwirrtheit, Ungeschicklichkeit, Vergesslichkeit, Verschlossenheit, Ängstlichkeit, Paranoia, Suizidgedanken, sehr selten Selbstmordversuche.
PMS H: „Lust auf Kohlenhydrate"
Im Vordergrund stehen Heißhungerattacken: meist auf Süßes oder Schokolade, Milchprodukte, auch Käse, manchmal Alkohol oder Essen überhaupt.
PMS K: „Schweres Herz"
Im Vordergrund steht ein Gefühl körperlicher Schwere oder Kopfschmerzen: Die Speicherung von Flüssigkeit führt zu Kopfschmerz, Brustempfindlichkeit, aufgedunsenem Bauch, Gewichtszunahme.

PMS, PMDS oder Depression?

Fassen wir zusammen: PMS und PMDS bringen den betroffenen Frauen Monat für Monat jede Menge Beschwerden – körperlich und psychisch. Das hat nichts mit persönlichem Versagen zu tun. Leider halten sich hartnäckig immer noch Vorurteile, dass Betroffene ihre Frauenrolle nicht akzeptieren können, Klageweiber sind oder dass diese Beschwerden zum Frausein dazugehören. Das stimmt nicht.

„Du bist ja wieder so zickig. Nicht mit der Kneifzange anzufassen", stöhnt Birgits Freund Klaus. Er will etwas unternehmen, seine Freundin liegt auf dem Sofa. Schon wieder hat sie sich krankschreiben lassen, weil sie sich so mies fühlt. So geht das Monat für Monat. Zwei bis zehn Prozent (auch hier schwanken die Angaben) der Frauen sind durch ihre Beschwerden so stark im privaten und beruflichen Alltag eingeschränkt, dass Experten von einer PMDS sprechen, die behandelt werden muss.[10] Bei dieser Störung steht noch mehr als bei PMS die Stimmungslage im Vordergrund: Wie bei Birgit, die in diesen Tagen extrem gereizt ist und dann regelmäßig Streit mit ihrem Freund hat. Ganz wichtig zu wissen: Auch wenn die schlechten Stimmungen oft im Vordergrund der Beschwerden stehen, handelt es sich nicht um eine klassische Depression. PMS, PMDS oder Depression? Jede Frau kann das für sich relativ einfach herausfinden: Wenn sie mindestens eine Woche pro Monat wirklich beschwerdefrei ist, liegt PMS oder PMDS vor. Denn entscheidend ist der zyklische Wechsel von symptomatischen und symptomfreien Phasen. Leider passiert es auch immer wieder, dass der Arzt eine behandlungsbedürftige Depression als PMS einstuft und dementsprechend nicht richtig behandelt. Eine genaue Diagnose ist also auch in diesen Fällen äußerst wichtig.

Übrigens: Psychische Störungen werden von der Weltgesundheitsorganisation (WHO) in einem Einteilungssystem aufgelistet, das weltweit gilt – das so genannte ICD-10. Eine zyklusabhängige Depression gibt es dort nicht. Im aktuellen Klassifikationssystem der amerikanischen psychiatrischen Gesellschaft DSM-IV wird sie als prämenstruelle dysphorische Störung (PMDS) bezeichnet.[11]

Hormone sind nicht allein verantwortlich

Wie kommt es zu diesen Störungen, die den Frauen das Leben vor den Tagen so schwer und manchmal unerträglich machen? Es gibt eine ganze Reihe von Untersuchungen zu PMS, aber die genauen Ursachen sind immer noch nicht vollständig geklärt. Bis vor etwa zehn Jahren glaubten Fachleute, dass PMS durch ein hormonelles Ungleichgewicht zustande kommt, beispielsweise durch einen Mangel an Progesteron oder Östrogen. Dies konnte allerdings nicht bestätigt werden. Dass Hormone zumindest nicht allein für die Symptome verantwortlich sind, wird durch die Tatsache untermauert, dass die Behandlung mit Hormonen nicht zur Besserung beiträgt. Im Gegenteil: Neueste Forschungen haben gezeigt, dass Frauen das Sexualhormon Progesteron ganz unterschiedlich verarbeiten – bei manchen werden unter Hormongabe die depressiven Symptome noch verstärkt.

Zumindest in punkto Hormongefüge sind die Männer im Vorteil: Ihr wichtigstes Sexualhormon Testosteron wird nämlich ganz einfach über den Hypothalamus gesteuert. Ist ausreichend Testosteron für Bartwuchs und Spermienproduktion im Blut, wird die oberste Hormondrüse im Gehirn angewiesen, keine weiteren Hormone für die Bildung von Testosteron auszuschütten. Das Hormongefüge der Frauen ist im Vergleich dazu wesentlich differenzierter und eben auch zeitgesteuert.

Mehrere Faktoren spielen eine Rolle

Heute geht man davon aus, dass das Gehirn und seine Botenstoffe (so genannte Neurotransmitter) eine wichtige Rolle spielen. Man vermutet, dass bei empfindlichen Frauen Schwankungen von Progesteron und Östrogen während des Zyklus die Botenstoffe veranlassen, PMS-Beschwerden auszulösen. Auf die

Warum-Frage gibt es allerdings noch keine Antwort. Der Botenstoff Serotonin könnte beteiligt sein und Prolaktin, ein Hormon der Hirnanhangsdrüse, das unter anderem für die Milchproduktion in der Stillzeit verantwortlich ist. Ebenso der Botenstoff Noradrenalin, der im Zusammenhang mit Stress eine Rolle spielt. Allgemein kann man von einem multifaktoriellen Ansatz ausgehen:[12] Mehrere Faktoren wie familiäre Belastung, psychische Erkrankungen in der Vorgeschichte, Stress, Ernährung und auch biologische Aspekte wie etwa Besonderheiten im Hirnstoffwechsel sind beteiligt.

Die Ursachen für PMS sind nicht eindeutig geklärt, aber folgende Ereignisse können oft eine PMS auslösen oder die Symptome noch verschlimmern:[13]

- die erste Menstruation
- die Perimenopause (die Jahre vor der letzten Periode)
- das Absetzen der Pille
- Geburt, Fehlgeburt oder Abtreibung
- postpartale Depressionen (Depressionen nach der Geburt)
- ausbleibende Regelblutung
- Gebärmutterentfernung (Hysterektomie)
- einige Arten von Beckenoperationen
- eine Reihe von geringfügigen Erkrankungen, die die Frau ausgelaugt haben
- schwere körperliche oder emotionale Traumata

Depressive Verstimmungen, wie sie beispielsweise bei Frauen beobachtet werden, die die Antibabypille nehmen, und psychische Probleme in der Familiengeschichte sind ebenfalls Risikofaktoren. Manche Betroffene sind auch durch leichte körperliche Erkrankungen ausgepowert und anfälliger. Neben körperlichem ist auch seelischer Stress oft Auslöser für die Symptome. So erhöht sich unter Stress das Hormon Cortisol, das an der Entstehung von Wut und Reizbarkeit beteiligt ist.

Untersuchungen belegen, dass 84 Prozent der Frauen, die schon einmal eine postpartale Depression hatten – also eine

Depression nach der Geburt –, danach PMS entwickelten. Dass eine postpartale Depression sich mit dem erneuten Einsetzen der Menstruation verschlimmern kann, stellte 1855 schon der französische Arzt Marcé fest.[14] Arbeitsplatzverlust, finanzielle Schwierigkeiten, Scheidung, Trauer, interessanterweise aber auch positive Erlebnisse wie die Geburt eines Kindes oder Heirat können ebenfalls zu diesen zyklusabhängigen Beschwerden führen. Bei der schweren Form PMDS geht man davon aus, dass zusätzlich verschiedene andere biologische Aspekte bedeutsam sind, die aber noch genauer erforscht werden müssen.[15]

Therapiemöglichkeiten bei PMS

Eine gute und eine weniger gute Nachricht gleich vorweg: Es gibt Behandlungsmöglichkeiten. Aber leider keine Methode, die garantiert hilft. Jede Frau muss ihren eigenen Weg finden, mit ihren jeweiligen körperlichen und seelischen Beschwerden besser zurechtzukommen. Dabei geht es in erster Linie darum, sich in seiner Haut wohl zu fühlen. Frauen, die über ihre zyklischen Veränderungen in Körper und Psyche Bescheid wissen und darüber sprechen können, stellen oft fest, das sie damit anders umgehen, die Symptome besser in ihr Leben integrieren können. Ebenfalls bestätigt: Sportlich aktive Frauen und solche, die es sich ganz bewusst gut gehen lassen und sich verwöhnen, leiden weniger unter Beschwerden bei der Menstruation.

Ein Zykluskalender bringt Aufschluss

Viele der Beschwerden sind nicht PMS-spezifisch. Bei fast der Hälfte der Patientinnen liegt eine andere Ursache vor, die Symptome können auch, wie oben beschrieben, Zeichen einer Depression sein. Migräne, Allergien, Asthma und Schilddrüsenerkrankungen verschlimmern nachgewiesenermaßen prämenstruelle Beschwerden. Viel Kaffee, Salz und Alkohol haben auch Auswirkungen auf das Befinden. Wer unter prämenstruellen Beschwerden leidet, die den Alltag erheblich beeinträchtigen, sollte zuerst einmal über zwei ganze Zyklen Tagebuch führen und die Symptome detailliert aufschreiben. Tragen Sie täglich im Zyklustagebuch ein, wie Sie sich fühlen. Beschwerden können Sie in abgekürzter Form in die Tabelle eintragen, etwa mit einem „B“ für „Brustspannen“, „A“ für Gefühle der Angst und Hoffnungslosigkeit usw.[16] Eine entsprechende Vorlage finden Sie im Anhang, S. 180.

Ein bloßer Monatskalender reicht nicht, da bei jeder Frau der Zyklus anders verläuft. Nur präzise Aufzeichnungen helfen dem Arzt, eine Diagnose zu stellen. Ein Stimmungstagebuch gibt es auch online unter www.hexal-neurologie.de über einen Klick auf die Checkliste rechts: Depressionen/Stimmungstagebuch.

Zurück zu Antje und Birgit. Sie haben beide ihre Ernährung umgestellt und gelernt, besser für sich zu sorgen. Sie essen mehr Kohlenhydrate, also Nudeln, Kartoffeln, Brot, Müsli und Cornflakes. Außerdem gilt: mal eine Pause einlegen, sich Ruhe gönnen und mit dem Partner oder Freunden über das Problem sprechen. Seitdem Antje genau weiß, was ihr Monat für Monat zu schaffen macht, ist sie in diesen Tagen auch nicht mehr so hart mit sich selbst. Fachleute weisen außerdem darauf hin, dass mehr als fünfzig Prozent der Betroffenen zu wenig Magnesium im Blut haben. Ein Mangel an Kalzium, Zink, B-Vitaminen und essenziellen Fettsäuren wird ebenfalls mit PMS in Verbindung gebracht. Immer empfehlenswert sind: weniger Stress, mehr sportliche Betätigung, Entspannungstechniken wie Yoga, autogenes Training, Feldenkreis oder Tai Chi. Akupunktur oder Farb- und Aromatherapie können im Einzelfall helfen, doch ist ihre Wirksamkeit wissenschaftlich nicht belegt.

Leichte Fälle bessern sich mitunter durch die Antibabypille oder pflanzliche Präparate wie Ginseng, Baldrian, Johanniskraut oder Primelöl. Aus der grünen Apotheke verschafft auch die Traubensilberkerze (Cimifuga racemosa) einigen Frauen Linderung. Sie gehört zur Familie der Hahnenfußgewächse und wächst in den USA, Kanada, Europa sowie Asien. Wie genau die Pflanze mit ihren Inhaltsstoffen wirkt, ist noch nicht geklärt. In Apotheken gibt es mittlerweile fast sechzig verschiedene Präparate mit homöopathischen Verarbeitungen der Traubensilberkerze bzw. deren tatsächlichen Inhaltsstoffen.[17] Empfohlen wird auch Mönchspfeffer (Vitex agnus castus).

Manchmal muss man verschiedene Präparate ausprobieren, bis das Richtige gefunden ist, kontrollierte Studien dazu fehlen derzeit. Ein ganz wichtiger Aspekt: Viele Frauen denken, pflanzliche Mittel könnten nicht schaden und nehmen sie zusätzlich zu anderen Medikamenten ein. Das stimmt nicht. Der Arzt sollte unbedingt darüber informiert werden, damit er Nebenwirkungen entdecken und Wechselwirkungen mit anderen Medikamenten bedenken kann.

Antidepressiva helfen bei PMDS

Wer unter massiven Beschwerden leidet, wie sie beim PMDS berichtet werden, sollte, so der Stand der Forschung, Antidepressiva ausprobieren. Diese Medikamente gehören zur Gruppe der Psychopharmaka, haben aber nichts mit Beruhigungsmitteln (so genannten Tranquilizern) zu tun. Bewährt haben sich SSRI, das sind Antidepressiva aus der Gruppe der Serotoninwiederaufnahmehemmer. Wirksamkeitsnachweise gibt es für die Substanzen Citalopram, Fluoxetin (Fluctin), Paroxetin (zum Beispiel Tagonis) und Sertralin (Zoloft). Je nach Dosierung werden auch wenig Nebenwirkungen beobachtet.[18] Gute Erfahrungen liegen ebenfalls vor mit Venlafaxin und Clomipramin (zum Beispiel Anafranil).[19] Früher ging man davon aus, dass diese Präparate kontinuierlich jeden Tag genommen werden müssen. Aktuelle Studien haben jedoch gezeigt, dass bei manchen Frauen die Einnahme in der Lutealphase – also in der zweiten Zyklushälfte, wenn die Beschwerden aktuell sind – ausreicht, und zwar bereits in niedriger Dosierung. Andere Frauen nehmen das Medikament anfangs jeden Tag, reduzieren in Absprache mit dem Arzt dann in der beschwerdefreien Zeit. Wenn sich die körperlichen und seelischen Beschwerden durch die

Antidepressiva bessern, kann – unter ärztlicher Kontrolle – nach einem halben oder dreiviertel Jahr langsam versucht werden, das Medikament wieder abzusetzen.

Therapeutisches Stufenkonzept

Je nach individuellen Bedürfnissen und Leidensdruck der Patientin empfehlen Experten ein therapeutisches Stufenkonzept:[20] An erster Stelle stehen die so genannten supportiven, also unterstützenden Maßnahmen wie Diät, Sport und kognitiv-verhaltenstherapeutische Interventionen, in denen die Betroffene lernt, anders mit den Symptomen umzugehen und auf sie zu reagieren, also Stressbewältigung.

Wenn keine Besserung eintritt, folgt die zweite Stufe mit supplementativen – ergänzenden – Maßnahmen. Dazu gehört, dass zusätzlich Kalzium und Magnesium eingenommen werden. Auch Mönchspfeffer wirkt bei einigen körperlichen Beschwerden. Erst wenn alles nicht hilft, folgt eine Behandlung mit Antidepressiva. Die medikamentöse Unterdrückung des Eisprungs oder eine Operation mit Entfernung von Gebärmutter und Eierstöcken wird nur als letzte Möglichkeit angeraten, wenn die Beschwerden unerträglich sind.

Antje, Birgit und Marianne (er-)leben mittlerweile ihre Tage vor den Tagen beschwerdefreier. Sie wissen, was in dieser Zeit in ihrem Körper passiert und haben gelernt, dann besonders gut für sich zu sorgen. Auch depressive Verstimmungen können die Frauen zulassen – in dem Wissen, dass diese Tage gezählt sind.

Wie jede Blüte welkt und jede Jugend
dem Alter weicht, blüht jede Lebensstufe,
blüht jede Weisheit auch und jede Tugend
zu ihrer Zeit und darf nicht ewig dauern.

Hermann Hesse, Stufen

Wechseljahre: Sie haben die Wahl

An den Wechseljahren kommt keine Frau vorbei. Das ist zumindest sicher. Sicher ist auch, dass viele Frauen dieser Zeit mit unguten Gefühlen entgegenblicken. Sie haben Angst, nicht mehr attraktiv zu sein, zum alten Eisen zu gehören. Und nicht wenige versuchen, mit Schönheitsoperationen, Anti-Aging-Produkten oder anderen teuren Wundermitteln den Lebensabschnitt zu leugnen oder wenigstens hinauszuzögern. Manchmal werden in dieser Zeit auftretende Depressionen auf die hormonellen Schwankungen geschoben, die mit dem körperlichen Umstellungsprozess verbunden sind. Studien belegen aber: Es gibt keine Depression, die direkt auf die Wechseljahre zurückzuführen ist.

Der medizinische Begriff für Wechseljahre lautet Klimakterium. Das Wort kommt aus dem Griechischen und heißt Stufe, Leiter oder Treppe. Das passt genau, denn die Wechseljahre sind durchaus vergleichbar mit einer Stufe zu einem neuen Lebensabschnitt. Manchmal gilt es dabei, kleine oder auch größere Stolpersteine und Hindernisse zu überwinden. Aber Wechseljahre sind keine Krankheit. Der Körper und seine Veränderungen gehören zu uns und diesem Lebensabschnitt. Die Sexualhormone Östrogen und Progesteron gehen zurück, alles steht erneut im Zeichen der Umstellung. Erneut? Manche Fachleute vergleichen die Zeit um die Lebensmitte mit der Pubertät, in der der Körper ebenfalls im Umbruch ist, weil die Hormone einschießen. Beide Lebensabschnitte bedeuten ein enges Zusammenspiel von hormoneller Umstellung und persönlicher Neuorientierung: Körper, Geist und Seele sind auf der Suche nach einem neuen Gleichgewicht. Also handelt es sich vielleicht um eine Art Seniorenpubertät?

Was ist eigentlich was?

Das **Klimakterium**, die **Wechseljahre**, bezeichnet den Zeitraum, in dem die Eierstöcke langsam, aber endgültig ihre Funktion verlieren. Diese Phase kann zwischen fünf und 25 Jahre dauern[1], sagen die einen. Andere sprechen von einer Zeitspanne von bis zu zehn bzw. 13 Jahren. Biologisch gliedern sich die Wechseljahre in drei Phasen: Perimenopause, Menopause und Postmenopause.

Wechsel zur biologisch unfruchtbaren Phase

Als **Perimenopause** (auch Prämenopause genannt) wird der Zeitraum vor der Menopause bezeichnet, etwa zwischen dem 45. bis zum 50. Lebensjahr, manchmal schon ab dem 40. Die amerikanische Ärztin Dr. Christiane Northrup[2] beschreibt die natürliche Perimenopause mit dem treffenden Bild eines langsam ansteigenden, gewundenen Pfads. Die Produktion der Hormone Testosteron, Östrogen und Progesteron nimmt ab. Es kommt zu Zyklusschwankungen, man kann nicht mehr so schnell schwanger werden. Nur bei etwa zehn Prozent aller Frauen hört die Monatsblutung ohne vorherige Zyklusschwankungen auf. Die **vorzeitige Perimenopause** (manchmal auch spontane Menopause genannt) vergleicht Dr. Northrup mit einer steilen Abkürzung. Sie setzt schneller und früher ein – bei Frauen in den Dreißigern oder zu Beginn der Vierziger – und dauert nur ein bis drei Jahre. Eine von hundert Frauen schließt ihre Wechseljahre bereits um den 40. Geburtstag ab. Die dritte Variante ist der Helikopterflug, die **künstliche Menopause**, zu der es ganz abrupt kommen kann. Beispielsweise durch eine Eierstockoperation, Bestrahlung, Chemotherapie oder gewisse Medikamente, die aus medizinischen Gründen eine Menopause hervorrufen.

Der Begriff **Menopause** bezeichnet den Zeitpunkt der letzten Menstruation, er liegt im Durchschnitt etwa bei 52 Jahren. Bevor nicht ein Jahr vergangen ist, kann keine Frau wissen, ob irgendeine Menstruationsblutung wirklich die letzte war.
Hat eine Frau ein Jahr lang keine Monatsblutung, spricht man von der **Postmenopause**. Sie dauert bis zum 65. Lebensjahr und geht fließend in das Alter über.

Wenn im Folgenden von den Wechseljahren die Rede ist, ist der Zeitraum des Wechsels von der biologisch fruchtbaren zur biologisch unfruchtbaren Phase gemeint – die Phase, in der Körper und Seele sich umstellen und dabei einiges leisten.

Plötzlich verkürzt sich die Periode

Viele Frauen werden von den Anzeichen der Wechseljahre überrascht. Die Regel verkürzt sich um ein bis zwei Tage, bleibt für mehrere Monate ganz weg und kehrt dann wieder. Auch Dauer, Intensität und Menge des Blutes können zu- oder abnehmen. Diese Phase beginnt in der Regel im Alter von 45 bis 55 Jahren und es kann Jahre dauern, bis die Periode ganz vorbei ist. Schwierig ist diese Phase auch deshalb, weil man eben im Voraus nicht weiß, wann genau die letzte Menstruation ist.

In dieser Zeit des Übergangs kann es zu unterschiedlichen körperlichen und seelischen Beschwerden kommen wie beispielsweise Hitzewallungen, Stimmungsschwankungen, Schlafproblemen und nächtlichen Schweißausbrüchen. Das muss aber nicht zwangsläufig so sein. Viele Frauen haben nur wenige oder auch gar keine Symptome. Allerdings spüren die meisten intuitiv, dass der Körper mehr Ruhe verlangt. Lange Nächte steckt er nicht mehr ohne weiteres locker weg. Plötzlich braucht man mehr Zeit, um sich nach Anstrengungen zu regenerieren. Überflüssige Pfunde purzeln, wenn überhaupt, langsamer, erste Falten werden sichtbar. Auch das Schlafmuster verändert sich bei manchen Frauen. Die Zeichen des Älterwerdens sind einfach sichtbarer geworden.

Ob der Körper mit den notwendigen Veränderungen zurechtkommt, hängt auch davon ab, was sonst in ihm und vor allem im Leben einer Frau abläuft. Viele Studien zeigen, dass psychosoziale Faktoren wie Partnerschaft, Beruf und Familie einen erheblichen Einfluss auf die Ausprägung der Beschwerden und die Lebensqualität in dieser Zeit haben. So hatten Frauen, die mit ihrer Partnerschaft unzufrieden waren, häufiger starke klimakterische Beschwerden als solche, die mit ihrer Paarbeziehung zufrieden waren.[3] Zu einem ähnlichen Ergebnis kommt der Frauengesundheitsbericht 2001: Dort wird eine Studie zitiert, wonach Frauen, die in ein unterstützendes soziales Umfeld eingebettet sind, weniger unter Wechseljahrsbeschwerden leiden und weniger krank sind.[4]

Selbstbewusstsein stärkt und schützt

In empirischen Untersuchungen wurde ebenfalls festgestellt, dass Frauen mit ausgeprägterem Selbstvertrauen die Wechseljahre besser verarbeiten. Frauen, die den klassischen weiblichen Rollen entsprechen, immer freundlich, zugewandt, ausgleichend und um die Beziehungen bemüht sind, leiden wesentlich stärker unter den Wechseljahren als selbstbewusste Frauen. „Im Zentrum klimakterischen Leidens steht hier die depressive Verstimmung als Reaktion“, resümiert die Forscherin Beate Schultz-Zehden[5] von der Freien Universität Berlin.

Eine gute Nachricht über die Lust älterer Frauen: Frauen in der Lebensmitte wollen Sex und wollen ihn auch genießen, so eine bundesweite repräsentative Umfrage zur weiblichen Sexualität in der zweiten Lebenshälfte. Beate Schultz-Zehden stellte in ihren Studien fest, dass die weit verbreitete Ansicht, das sexuelle Verlangen nehme mit Beginn der hormonellen Umstellung deutlich ab, auf die meisten Frauen nicht zutrifft.[6]

Der Kampf um Jugendlichkeit

In unserer Gesellschaft werden Jugendlichkeit, Leistungsfähigkeit, Schönheit, Beweglichkeit, Energie, Dynamik und Attraktivität als Ideale angesehen. Gelassenheit und Erfahrung des Alters zählen hingegen wenig. Da wundert es kaum, dass nicht wenige Frauen Angst vor dem vermeintlichen Dämon Wechseljahre haben: Angst vor Alter, Hässlichkeit, Krankheiten wie Krebs, Herzinfarkt oder Schlaganfall, Angst vor allen Facetten des Verlusts, Angst vor Versagen, Hinfälligkeit und Unbeweglichkeit. Hinzu kommt, dass nicht nur Männer wie Oliver Kahn oder Franz Beckenbauer in dieser Lebensphase ihre Frauen wegen anderer, meist jüngerer, verlassen. Wer kennt nicht in seinem unmittelbaren Umfeld weitere Beispiele? Das ist nicht gerade ermutigend oder aufbauend. Ungerecht auch, dass Männer weder Falten, graues Haar noch ihr wahres Alter verbergen müssen. Wünschenswerter wären in jedem Fall mehr Achtung vor der eigenen Reife und Lebenserfahrung als die Sorge darüber, wie gut man sich gehalten hat.

Untersuchungen zeigen auch, dass Frauen in kaum einer anderen Lebensphase so viel Geld für Kosmetika, Hormone und Schönheitsoperationen ausgeben. Dies steht im Widerspruch zu dem Bild, das viele von sich selbst haben. In der 1. Berliner Menopausestudie der Charité gaben immerhin siebzig Prozent der Frauen an, ihre Attraktivität habe sich seit Beginn der Wechseljahre nicht verändert; fünf Prozent meldeten eine gesteigerte und 25 Prozent eine verminderte Attraktivität.[7]

Noch nicht alt, aber auch nicht mehr jung

Der Kampf um Jugendlichkeit kostet viel Geld und jede Menge Energie. Fest steht jedoch, dass er letztendlich nicht gewonnen werden kann. Der Aspekt der eigenen Endlichkeit wird mit zunehmendem Alter immer deutlicher. Leben angesichts des Todes wird aber auch kostbar; es stellt sich die Frage, was überhaupt wichtig ist. Sicherlich hilft es, diese Übergangszeit des mittleren Erwachsenenalters als eine natürliche Entwicklungszeit im Leben zu sehen, mit eigenen Aufgaben und neuen Chancen. Denn immerhin dauert das Leben der Frau nach dem Klimakterium noch circa 30 Jahre. Eine lange Zeit, um sich wieder neu auf sich selbst zu besinnen. Wer hingegen versucht, alle negativen Gedanken und Empfindungen dieser Lebensphase wegzudrücken und wie bisher funktionieren will, der läuft Gefahr, an einer behandlungsbedürftigen Depression zu erkranken.

Vorbilder in der eigenen Kultur fehlen meist

Für einige Frauen sind die Wechseljahre wirklich eine Zeit des Wechsels: hin zu etwas anderem, etwas Höherem. Jetzt steht nicht mehr die Fortpflanzung im Mittelpunkt, sondern das persönliche Wachstum. Leider verändern sich in den westlichen Ländern die gesellschaftlichen Strukturen und das Bewusstsein bei den Frauen aber nur langsam. Vorbilder fehlen. Denn auch die eigene Mutter hat über diese Phase in der Regel nicht gesprochen. Die Wechseljahre waren und sind bis heute häufig ein Tabuthema. Obwohl es allen Frauen nur gut tun würde, zu erfahren, dass auch andere ähnliche Gedanken, Gefühle und Beschwerden haben. Darüber zu reden, wäre eine echte Chance – auch zur Entdeckung neuer Werte. Weg von der biologischen Rolle, hin zu einer vollwertigen Persönlichkeit. Keine Angst vor der Leere, sondern neue Freiräume (er-)leben. Nicht nur die Wünsche anderer Menschen erfüllen, sondern selbst Wünsche haben und artikulieren.

Obwohl die Wechseljahre jede Frau auf dieser Erde betreffen, werden sie sehr unterschiedlich erlebt. In den Kulturen, in denen das Älterwerden als Teil einer kosmischen Ordnung angesehen wird, sind negative körperliche Symptome der Wechseljahre eher unbekannt. Bantu-Frauen in Südafrika etwa berichten kaum über klimakterische Beschwerden. Sie werden nämlich mit dem Alter gesellschaftlich aufgewertet und erlangen mit dem Eintritt in die Menopause einen höheren sozialen Status. Ähnliches wird von den Rajput-Frauen in Indien berichtet. Dort erfahren ältere

Frauen größten Respekt und dürfen nach der Menopause ihren Schleier ablegen.[8] Eine US-Studie ergab, dass mexikanische Indio-Frauen zwar die gleiche Menge Hormone haben, aber im Gegensatz zu weißen Amerikanerinnen desselben Alters leiden sie weder an Hitzewallungen noch unter Schlafstörungen.[9] Selbst brüchigere Knochen machen ihnen keine Beschwerden. Tatsache ist: In Mexiko gilt das Alter als positive Lebensphase. Da gibt es bei uns noch einiges zu tun. Gerade auch im Hinblick auf die Überalterung der Gesellschaft. Aber: Ob Puerto Rico, Italien, Libanon, Neuseeland, Frankreich oder die USA: Unabhängig von der Kultur erkranken in allen Ländern Frauen öfter an Depressionen als Männer, so eine WHO-Studie.[10]

Wenn nachts die Hitze wallt

Die genauen Auslöser für körperliche und seelische Wechseljahrsbeschwerden sind bisher nicht geklärt. 70 bis 75 Prozent aller Frauen leiden beispielsweise unter Hitzewallungen, am häufigsten zwischen drei und vier Uhr morgens. Die Symptome können nur ganz schwach auftreten oder aber so stark sein, dass die Betroffenen nicht mehr richtig schlafen können.

Interessant sind in diesem Zusammenhang Forschungen mit den neueren Wirkstoffen Venlafaxin, Fluoxetin und Paroxetin gegen Depressionen. Bereits in den 90er-Jahren wurde festgestellt, dass einige Antidepressiva auch Hitzewallungen reduzieren. Das funktioniert ganz einfach: Die Substanzen verändern an den Verbindungsstellen der Nervenzellen die Konzentration der Botenstoffe, die die Signale zwischen den Nervenzellen weiterleiten. Diese Wirkung kann sich auch im Hypothalamus zeigen, der unter anderem bei der Regulation der Körpertemperatur eine wichtige Rolle spielt[11].

Manchmal steckt eine Angststörung dahinter

Für die Psychotherapeutin Verena Kast sind die typischen körperlichen Beschwerden wie Hitzewallungen, Schweißausbrüche,

Schwindelzustände, Atemnot, Herzklopfen, Blutdruckanstieg, Kopfschmerzen und Schlafstörungen auch Angstsymptome – als Ausdruck für Übergangssituationen, auch im Bereich des Körpers.[12] Meist geben sich diese lästigen Beschwerden ein oder zwei Jahre nach der endgültig letzten Monatsblutung. In seltenen Fällen dauern sie danach noch an. Oft helfen Meditations- und Entspannungstechniken oder auch eine Ernährungsumstellung. Es kann sich aber auch, bestätigt der Heidelberger Neurologe Dr. Karl Mayer, um Anzeichen von Panikattacken handeln. Studien belegen, dass Angststörungen selten von allein verschwinden – ohne Behandlung werden sie in der Regel chronisch. Besonders häufig treten Angstattacken in öffentlichen Verkehrsmitteln, in Kaufhäusern und bei Menschenansammlungen auf.

Weitere Beschwerden in den Wechseljahren können(!) sein:
Anschwellen und Berührungsempfindlichkeit der Brust
Blutdruckschwankungen
Depressive Verstimmungen
Faltige Haut
Harnwegsprobleme (Inkontinenz)
Herzbeklemmungen
Konzentrationsstörungen
Kribbeln oder taube, schmerzhaft brennende Gefühle in Händen/Füßen
Migränekopfschmerzen
Myome
Nachlassender Haarwuchs oder Haarausfall
Ohrensausen
Schlaflosigkeit
Scheidentrockenheit und/oder Schmerzen beim Geschlechtsverkehr
Schwächung der Beckenbodenmuskulatur
Schwindel
Starke Blutungen während der Periode
Unregelmäßige Menstruationsblutungen
Verlust des sexuellen Interesses
Verlust von Knochensubstanz (Osteoporose)

Ganz wichtig zu wissen: Alle genannten Beschwerden können auch andere körperliche oder seelische Ursachen haben.

Ein Drittel aller Frauen in den Wechseljahren fühlen sich durch einzelne Symptome in ihrer Lebensqualität sehr beeinträchtigt, ein Drittel kommt damit ganz gut zurecht und ein weiteres Drittel hat gar keine oder nur minimale Probleme. Auch hier gilt: Oft hilft es den Betroffenen schon zu wissen, dass andere Frauen ebenfalls Beschwerden haben und dass sie irgendwann vorbei sind. Dann lässt sich vielleicht auch diese Phase leichter in den Alltag integrieren.

„Depression ist, wenn man an nichts mehr Freude hat"

Auch Silke hilft das Gespräch – aber viele Freunde haben sich zurückgezogen, seitdem die 47-Jährige krank geworden ist. Sie wacht morgens auf und ist bereits fix und fertig. Für die gelernte Krankengymnastin ist jeder Tag ein Kampf, seit sie vor vier Jahren plötzlich ein heftiges Brennen auf der Haut spürte, starke Schweißausbrüche bekam, vollkommen ruhelos war und überhaupt nicht mehr schlafen konnte. „Ich habe ein homöopathisches Medikament eingenommen, zwei Wochen später fing alles an." Die Ärzte diagnostizieren Depressionen. Es folgen Aufenthalte in verschiedenen Kliniken, Silke nimmt unterschiedliche Antidepressiva, versucht es mit Psychotherapie und Hormonpräparaten.

Die Mutter von zwei pubertierenden Kindern kämpft: Ayurveda-Arzt, Johanniskraut, Selbsthilfegruppe, Betablocker, Vitamin-B-Komplex, Baldrian, Melisse und Sport. „Irgendwie hat überhaupt nichts geholfen", stellt sie ernüchtert fest. Enttäuscht ist Silke auch über die zwischenmenschlichen Beziehungen. „Als ich das erste Mal im Krankenhaus war, hat mein Mann mir gesagt, dass er eine Freundin hat. Ich war gefühlsmäßig total tot und habe dann nach einer Zeit gesagt, er soll gehen." Weder ihre Verwandtschaft noch ihre beste Freundin rufen sie nach einem Suizidversuch im Krankenhaus an. „Keiner fragt, es ist, als wäre nichts passiert." Es ist still um sie geworden. Sie hat Zeit, kann sich aber zu nichts aufraffen. Und die Außenkontakte haben sich sehr reduziert.

Über eine Annonce in der Tageszeitung hat Silke andere Menschen um Rat gefragt und ein gutes Dutzend Anrufe bekommen, bei denen man ihr so unterschiedliche Dinge wie Beten, Nachtkerzenöl, Phytoöstrogene und Tee empfohlen hat. Einiges hat sie schon ausprobiert, leider ohne Erfolg. Momentan setzt Silke ganz auf eine Heilpraktikerin, die eine Leberreinigungstherapie bei abnehmendem Mond macht. „Ich bin der Meinung, dass es bei mir ein Problem der Organe und nicht der Psyche ist", spricht Silke sich Mut zu. Einmal hat sie die Reinigung schon zu Hause durchgeführt, ist mit dem Ergebnis allerdings nicht ganz zufrieden. „Aber ich konnte den Mondkalender auch nicht lesen und habe die Reinigung bei zunehmendem Mond gemacht", erklärt sie. Silke wird es noch weitere Male versuchen. Immerhin ist ihr Heuschnupfen besser geworden. Momentan ist ihre Zeit mit Arztbesuchen ausgefüllt, immer auf der Suche nach einem Weg aus der Depression. Manchmal, ja manchmal wünscht sie sich eine unheilbare Krankheit. Aber sie gibt Gott sei dank die Hoffnung auf Besserung nicht auf: „Man spricht doch von sieben guten und sieben schlechten Jahren. Irgendwann muss es auch mir mal wieder besser gehen."

Abstellgleis oder Reifeprozess?

Worunter leiden die meisten Frauen in den Wechseljahren? Danach fragte die 2. Berliner Menopausestudie 1996. 603 Frauen im Alter von 49 bis 59 Jahren nannten ihre klimakterischen Beschwerden: Trockenheit der Scheide (30 Prozent) und Harnwegsbeschwerden (34 Prozent) am seltensten, Leistungsminderung (68 Prozent), Schlafstörungen (63 Prozent) und Hitzewallungen (58 Prozent) am häufigsten.[13]

Je nachdem, wie die befragten Frauen mit den Wechseljahren umgehen, kristallisieren sich in dieser Untersuchung drei Gruppen (je ein Drittel) heraus:

- „Ich fühle mich jetzt bereits wie auf ein Abstellgleis geschoben“: Die so genannte **„leidende Gruppe“** besteht aus Frauen mit schwachem Selbstwertgefühl. Diese Frauen empfinden die Lebensumstellungen als belastend und bedrohlich, leiden stark unter den Beschwerden, fühlen sich abgewertet. Häufig leben sie allein oder sind geschieden und haben einen eher niedrigen Bildungsstand.
- „Für mich stellen die Wechseljahre einen Reifeprozess dar“: Die **„bewusste Gruppe“** sieht die Wechseljahre als Phase der Neuorientierung, als Herausforderung, setzt sich bewusst damit auseinander, die Beschwerden werden als leicht bis mittelschwer bezeichnet. Die Frauen haben ein gutes Selbstwertgefühl, fühlen sich öffentlich allerdings auch eher abgewertet, verfügen über einen höheren Bildungsstand und sind fast alle berufstätig.
- Die dritte, **„problemlose Gruppe“** empfindet sich als relativ beschwerdefrei, als attraktiv, die Frauen haben ein hohes Selbstwertgefühl, das Leben hat sich durch die Wechseljahre nicht verändert.

Auch psychosoziale Faktoren spielen eine Rolle

Fazit der Untersuchung: „Für das Erleben von klimakterischen Beschwerden spielen in der Mehrzahl der Fälle außer den hormonellen Ursachen auch psychosoziale Faktoren eine Rolle.“ Denn neben den äußerlichen, körperlichen Anzeichen gibt es deutliche psychische Veränderungen. Im Gespräch mit dem Arzt sollten daher beide Seiten auch sensibel für diesen Aspekt der Wechseljahre sein und herausfinden, ob beispielsweise depressive Verstimmungen ausschließlich durch die Hormonumstellung zustande gekommen sind. Oder ob es nicht vielleicht den einen oder anderen Grund für die Traurigkeit und weitere Symptome gibt.

Einsatz von Hormonen sorgfältig abwägen

Viele Betroffene klagen, dass sie sich in dieser Lebensphase übertherapiert fühlen. Auch weil männliche Mediziner oft einen anderen Blickwinkel haben. Sie sehen die unterschiedlichsten Auswirkungen der hormonellen Veränderungen eher als behandlungsbedürftige Krankheit und nicht als normale Begleiterscheinungen eines ganz natürlichen Lebensprozesses.[14] Auch wer sich nicht als krank empfindet, ist intensiver Werbung für vorbeugende Medikamente ausgesetzt. 16 Millionen Frauen über 50 allein in Deutschland sind ein guter Markt.[15]

Einen Großteil der von den Gynäkologen verschriebenen Präparate machen Hormone aus. „Viele kleine Studien aus den 70er- bis 90er-Jahren des 20. Jahrhunderts hatten versprochen, dass Hormone ein wahrer Jungbrunnen für die älter werdende Frau sind. Der Verzicht auf die Hormonbehandlung galt vielfach als fahrlässig", weiß der Heidelberger Neurologe Dr. Karl Mayer. Seit 1984, so die Bundeskoordination Frauengesundheit, haben sich die Verschreibungen verzehnfacht: Jede zweite Frau zwischen fünfzig und sechzig Jahren schluckt oder klebt inzwischen Östrogene als Pflaster, Creme, Gel oder Tablette – und zwar unabhängig davon, wie stark die akuten Beschwerden sind.[16] Ob Alzheimer, Osteoporose oder Herzinfarkt: Fünf Millionen Frauen in Deutschland nehmen Hormone als Schutz vor Altersleiden und Beschwerden in den Wechseljahren. In den USA startete 1991 eine Studie der Women´s Health Initiative (WHI). Das gigantische Forschungsprojekt sollte 15 Jahre dauern und 600 Millionen Dollar kosten. An rund 16000 Frauen wurde der Langzeiteffekt einer Hormonersatztherapie über zehn Jahre untersucht. Die bis 2005 geplante Kombinationsstudie, Östrogene mit Progesteron, wurde 2002 abgebrochen: Eine Gruppe hormonbehandelter Frauen wies deutlich höhere Werte bei koronaren Herzkrankheiten, Schlaganfällen und Thrombosen auf. Inzwischen wurde auch der Studienzweig abgebrochen, in dem die Frauen nur mit Östrogenen behandelt wurden. Diese Hormongabe schützt – ebenfalls entgegen früherer Annahmen –

nicht vor einer koronaren Herzkrankheit, sondern erhöht das Risiko von Schlaganfällen und tiefen Venenthrombosen. Obwohl die in der US-Studie benutzten Hormonpräparate in Deutschland weniger verschrieben werden, kann bei den hier gebräuchlichen von einem ähnlich hohen Risiko ausgegangen werden. Studien dazu gibt es in Deutschland nicht.

So informieren Gynäkologen im Internet

Ein Forschungsprojekt der Universität Bremen ging der Frage nach, wie niedergelassene Gynäkologinnen und Gynäkologen auf ihren Internetseiten über die (post-)menopausale Hormontherapie berichten. Das Ergebnis ist erschreckend: Nur 24 von 97 Seiten aus dem Jahr 2003 nehmen überhaupt Bezug auf die WHI-Studie. Sage und schreibe 68 Prozent aller Seiten äußern sich positiv zur Hormontherapie, Nutzen werden betont, Risiken relativiert. Dabei werden auch Falschinformationen verbreitet, zum Beispiel, dass die Einnahme von Hormonen vor Brustkrebs schütze. Lediglich vier von 97 Seiten nehmen die Ergebnisse der Studie ernst, betonen, dass der Einsatz sorgfältig abgewogen werden muss und wegen der hohen Risiken nur in den seltensten Fällen angezeigt ist. Weitere Informationen zum Abschlussbericht auch unter www.asfg.uni-bremen.de.

Übrigens: Bereits seit 1. November 2003 müssen die Hersteller der Hormonpräparate in den Beipackzetteln auf die möglichen Risiken der Therapie aufmerksam machen. Zum 1. Juli 2004 hat das Bundesinstitut für Arzneimittel und Medizinprodukte die Auflagen weiter verschärft. Jetzt müssen die Hersteller in der Packungsbeilage auch darauf hinweisen, dass Hormonpräparate wegen der möglichen Nebenwirkungen und Risiken nicht zur Vorbeugung von Osteoporose geeignet sind.

Über Risiken aufklären

Eine Hormonersatztherapie bei Frauen in den Wechseljahren erhöht, so die Experten, das Risiko für Brustkrebs- oder Herz-

Kreislauf-Erkrankungen. Diese Behandlung wird daher nur noch für Patientinnen mit eindeutigen klimakterischen Beschwerden empfohlen und soll nicht mehr zur Prophylaxe erfolgen. Das empfiehlt auch die Arzneimittelkommission der Deutschen Ärzteschaft (AKDÄ) in ihren Leitlinien zur Hormonverordnung. Spätestens nach fünf Jahren sollten die Frauen ihre Entscheidung überdenken, denn danach steigt das Brustkrebsrisiko erheblich an. Auch Bundesgesundheitsministerin Ulla Schmidt ruft die Ärzte dazu auf, besser über die Risiken der Hormonersatztherapie aufzuklären. Eine Umfrage bei deutschen Frauen, die Hormone einnehmen, ergab: Fast die Hälfte wurde nicht auf die Risiken der Behandlung angesprochen.

Aufgrund der möglichen Nebenwirkungen einer Behandlung mit Hormonen gilt: Risiken und Nutzen müssen sorgfältig abgewogen werden, eine gründliche Beratung mit dem Gynäkologen ist notwendig. Vor Herzinfarkt bieten Hormone keinen Schutz, sondern gefährden eher zusätzlich. Einer Osteoporose kann mit spezieller Ernährung, gezieltem Bewegungstraining und notfalls einer individuellen Medikation genauso gut und vor allem mit weniger Risiko vorgebeugt werden. Wie so oft, wenn gesundheitliche Probleme auftreten, kann man als Erstes ausprobieren, ob es hilfreich ist, den Lebensstil zu verändern: durch eine gesündere Ernährung, regelmäßigen Sport, Gewichtsabnahme, Verzicht auf Alkohol und Nikotin. Wenn das alles keinen Erfolg bringt und die Wechseljahrsbeschwerden ganz massiv auftreten, ist die Hormongabe eine Option. Aber nur in Beratung mit dem Frauenarzt, für einen begrenzten Zeitraum und wenn sonstige Risikofaktoren für Schlaganfälle, Herzinfarkte oder Brustkrebs ausgeschlossen werden können. Auch andere medizinische Gründe können gegen eine Hormonbehandlung sprechen.

Das Bundesinstitut für Arzneimittel und Medizinprodukte (BfArM) hält eine Behandlung mit Östrogen-Gestagen-Kombinationen zur Vorbeugung von Herz-Kreislauf-Erkrankungen oder Knochenbrüchen nach dem derzeitigen Kenntnisstand ebenfalls für nicht gerechtfertigt. Es rät Frauen mit einem erhöhten Risiko für Osteoporose, auf Alternativen wie Kalzium, aber auch ausgewogene Ernährung und Bewegung zurückzugreifen.[17] Generell gilt: Ärzte sollten die Patientin aufklären, ihre Entscheidung pro oder contra Hormone akzeptieren und sie dann begleiten. Schließlich können und sollen Frauen selbst entscheiden, welchen Weg sie gehen möchten. Da gilt es, ihre Autonomie zu stärken und nicht, sie zu ängstigen. Denn auch in diesem Punkt gilt: Sie haben die Wahl.

Übrigens: Manche Frauen schwören auf die Kraft der wilden Yamswurzel, die eine Vorläufersubstanz des Hormons Progesteron enthält – das Diosgenin. Im Labor lässt sich aus Diosgenin Progesteron herstellen, im menschlichen Körper nicht. Eine Studie aus dem Jahr 2001 zeigte allerdings: Es gibt keine Unterschiede in punkto Hitzewallungen und Schweißausbrüchen zwischen Frauen, die Yams erhielten und denen, die Placebos, also Scheinmedikamente bekamen.[18] Weitere Informationen zur Studie unter www.bfarm.de, www.aok.de/bundesverband, www.ffgz.de und www.akf-info.de.

Die Wechseljahre führen nicht zu einem gehäuften Auftreten von Depressionen

„Für viele Frauen ist die Diagnose Wechseljahre auf den ersten Blick akzeptabler als die Diagnose einer Depression", weiß Dr. Karl Mayer aus seiner Praxis. Depression ist kein einfacher Verstimmungszustand, sondern eine psychische Erkrankung, die behandelt werden muss. Fasst man die unterschiedlichen Studien und Untersuchungen zu diesem Thema zusammen, so ist davon auszugehen, dass die Wechseljahre selbst nicht zu einem gehäuften Auftreten von Depressionen führen[19]. Symptome einer klassischen Depression wie beispielsweise Schlafstörungen, Reizbarkeit, allgemeine Anspannung, Nervosität, Ängstlichkeit und Konzentrationsschwäche können aber den Beschwerden in den Wechseljahren ähneln oder sich auch mit ihnen überschneiden. Das macht es für den behandelnden Arzt so schwierig. Eine exakte Diagnostik ist unerlässlich. Handelt es sich um Begleiterscheinungen der Wechseljahre, kann eine Hormonunterstützung für eine kurze Zeit sinnvoll sein. Bei einer klinischen Depression gilt, so Fachleute, die Hormongabe allerdings als Fehlmedikation. Denn sie verhindert eine gezielte Behandlung mit Antidepressiva und Psychotherapie.

Persönlichkeitstests haben gezeigt, dass starke klimakterische Beschwerden oft zusammenfallen mit emotionaler Labilität und Depressivität. Hier stellt sich die Frage nach den Zusammenhängen: „Sind es die Beschwerden, die eine Frau labil machen und depressiv werden lassen oder bedingt umgekehrt die emotionale Labilität den höheren Beschwerdedruck?“[20] Schlafstörungen und Hitzewallungen, so die Studien, kommen nämlich bei allen Frauen vor – unabhängig von diesen Persönlichkeitsfaktoren. Es darf also weitergeforscht werden.

Ein Behandlungsnetzwerk ist sinnvoll

Kommt es in der Menopause zu einer klassischen Depression, spielen mehrere Faktoren eine Rolle – da sind sich die Experten einig. Hausärztliche, gynäkologische und psychiatrische Behandlung sollten sich daher idealerweise ergänzen. Für die medikamentöse Behandlung der Depression in den Wechseljahren empfehlen sich Antidepressiva. Sie machen nicht süchtig und verändern nicht die Persönlichkeit. Es gibt verschiedene Wirkansätze und Präparate – und für einzelne Antidepressiva Hinweise darauf, dass diese explizite Wechseljahrsbeschwerden bessern.

Außerdem werden empfohlen:[21]

- Das Führen eines Symptomkalenders (tägliches Notieren für einen Monat)
- Diät einhalten mit wenig Salz, Schokolade und Koffein
- Maßvolles körperliches Training
- Stressreduktion (z. B. autogenes Training)
- Klärung der partnerschaftlichen Situation

- Selbsthilfegruppen (soweit vorhanden)
- Psychoedukation (im Sinne einer Selbsthilfe durch Broschüren und Bücher)
- Psychotherapeutische Stützung

Frauen mit starkem Übergewicht leiden übrigens oft stärker unter Wechseljahrsbeschwerden und haben zudem ein höheres Krankheitsrisiko. Allgemein gilt: ausgewogen und fettarm essen, den Stoffwechsel anregen mit Wechselbädern und -duschen, Bürstenmassagen, Schwimmen, Gymnastik und Spaziergängen. Auch Tageslicht und Sonne bringen den Stoffwechsel auf Trab. Sport hebt die Stimmung und das Selbstvertrauen und ist die beste Vorbeugung gegen Osteoporose. Der natürliche Verlust an Knochenmasse wird gebremst, die gekräftigte Muskulatur schützt den Knochenapparat vor Verletzungen. Last but not least: Alkohol und Nikotin meiden, denn diese beiden Genussmittel – und auch Kaffee – wirken ungünstig auf den Stoffwechsel, erhöhen das Risiko von Herz-Kreislauf-Erkrankungen und die Neigung zu Osteoporose.

Chronische Überforderung ist ein Risikofaktor

Wie auch in anderen Lebensabschnitten gilt: Risikofaktoren wie frühere Depressionen, psychische Erkrankungen in der Familie, ein schlechter Gesundheitszustand und starker sozialer Stress machen Frauen in den Wechseljahren anfälliger.[22] Auch seelische Belastungen aus der Vergangenheit, die jetzt wieder aufbrechen, und chronische Überforderungen können in einer Krise ebenfalls zum Zusammenbruch und zu einer behandlungsbedürftigen Depression führen. Eine Studie mit Frauen zwischen 36 und 44 Jahren zeigt, dass auch der Familienstand eine wichtige Rolle spielt: Verwitwete, Geschiedene oder getrennt Lebende erkranken öfter.[23] Frauen, die in ihrer Kindheit sexuell missbraucht oder physisch misshandelt wurden, haben ebenfalls ein erhöhtes Risiko, sowohl an Depressionen, Angststörungen als auch an anderen emotionalen Störungen zu erkranken.

Eine aktuelle US-Studie (mit rund 1000 Frauen) belegt: Wenn Frauen schon einmal depressiv waren, haben sie ein um zwanzig Prozent höheres Risiko, früher in die Menopause mit all ihren Folgeerscheinungen zu kommen. Die Wahrscheinlichkeit verdoppelt sich, wenn die letzten Jahre vor diesem Ereignis von einer Depression geprägt waren. Und sie verdreifacht sich fast, wenn die Betroffenen in diesem Zeitraum sogar Antidepressiva benötigten, so Wissenschaftler um Dr. Bernard L. Harlow von der Harvard Medical School in Boston.[24]

Halten wir fest: In den Wechseljahren treten Depressionen nicht öfter auf als in anderen Lebensabschnitten. Beschwerden werden aber leider schnell in diese Richtung diagnostiziert. Man kann in der Lebensmitte, genau wie zu anderen Zeitpunkten, an einer Depression erkranken. Und es gibt bestimmte Risikofaktoren, die dies begünstigen.

Dr. Christiane Northrup spricht in diesem Zusammenhang von einem Schuldenkonto: Sie geht davon aus, dass sich alle Beschwerden in den Wechseljahren verstärken und länger andauern, wenn eine Frau eine schwere emotionale Last mit sich herumträgt und sich nicht um ihre ungelösten Probleme kümmert. Während der fruchtbaren Jahre wird eine Art Schuldenkonto eingerichtet, auf dem sich bereits vorhandene und zukünftige Probleme anhäufen – mit jedem Monat, der vergeht und in dem die Schuld nicht beglichen wird, werden Überziehungszinsen fällig.[25] Dr. Northrup rät: „Wenn Sie unter Depressionen leiden, dann ist es wichtig, dass Sie aktiv werden und Hilfe suchen. Depressionen stellen einen unabhängigen und hochsignifikanten Risikofaktor für Herzkranzgefäß-Erkrankungen und Osteoporose dar."

Das „Empty-nest-Syndrom": Wenn die Kinder aus dem Haus gehen

Die aktuelle Lebenssituation der Frau ist immer ein wichtiger Aspekt in der Beratung und Behandlung, denn neben hormonellen Umstellungsprozessen müssen gerade in dieser Phase viele einschneidende Ereignisse bewältigt werden. Das so genannte Empty-nest-Syndrom erklärt sich fast von selbst: Das Nest ist leer, die erziehende und sorgende Mutter ist nicht mehr länger gefragt. Die Kinder sind flügge, ziehen von zu Hause aus oder kommen nur noch sporadisch für Wäsche und Essen zurück in die elterlichen vier Wände. Dies kann zu einer Krise des Selbstbewusstseins führen. Man überprüft Ansprüche, Ziele und Werte der ersten vier Jahrzehnte. Wer bin ich? Wohin geht mein Weg? Was ist der Sinn meines Lebens? Das Leben ist heute eine permanente Veränderung und verläuft nicht mehr so geradlinig wie früher. Es gibt keine Sicherheit.

Wenn der Mittelpunkt nicht mehr die Kinder sind, muss meist auch die Beziehung zum Partner neu definiert werden: Worüber sollen wir jetzt reden? Haben wir noch gemeinsame Interessen? Sind wir bereit, den weiteren Weg zusammen zu gehen? Können wir unsere Freiräume zufriedenstellend nutzen? Oder haben wir uns auseinander gelebt? Fragen über Fragen.

Berufstätige Frauen gelangen oft an einen Punkt, an dem sie sich der Konkurrenz im Büro nicht mehr in demselben Maße gewachsen fühlen wie vorher. Nicht selten fällt in diesen Lebensabschnitt auch die Pflegebedürftigkeit oder der Tod der eigenen Eltern oder Schwiegereltern. Oft wird von Frauen wie selbstverständlich erwartet, dass sie deren Betreuung im Altenheim übernehmen oder sie zu Hause pflegen. Ganz persönlich müssen viele erst einmal damit klarkommen, dass sie nicht mehr fruchtbar sind und sich rein äußerlich Falten zeigen – alles verbunden mit der Tatsache, dass das eigene Leben endlich ist. Das kann traurig machen, aber auch neue Energien freisetzen. Da der Tod zum Leben gehört, muss Leben grundsätzlich abschiedlich gelebt werden. Denn wir müssen immer wieder loslassen, trauern, damit wir uns wieder neu einlassen können.[26]

Zeit für neue Aufgaben und Ziele

Viele Frauen erleben die Wechseljahre als eine Zeit des Abstands. Sie brauchen mehr Freiraum für sich und versuchen nicht selten, sich irgendwo in der Wohnung ein Rückzugsplätzchen einzurichten, an dem sie ungestört sein können. Es ist die Zeit der Bestandsaufnahme, der Auseinandersetzung mit der bisher gelebten eigenen Geschichte: Wie ist mein Leben verlaufen? Habe ich es mir rückblickend so vorgestellt? Was möchte ich unbedingt noch machen? Wer sich diesen und anderen Fragen stellt und dabei durchaus auch Trauerarbeit leistet, kann vielleicht entdecken, dass Verlust auch Freiheit bedeuten kann: den Start in ein neues Leben – zur Entwicklung der Persönlichkeit, der Interessen und Aufgaben. Gut nachzuvollziehen, dass Frauen, die positiv auf den neuen Lebensabschnitt schauen, meist auch weniger unter den stattfindenden Veränderungen leiden. Menschen fühlen sich dann psychisch alt, wenn sie keine Perspektiven, keine Motivation und keinen Optimismus mehr haben. Dr. Christiane Northrup bringt es auf den Punkt: „Letztlich sind es Ihre Einstellungen, Ihre Überzeugungen und Ihre alltäglichen Denkmuster, die die tiefgreifendsten Auswirkungen auf Ihre Gesundheit haben. Von sehr wenigen Ausnahmen abgesehen, haben Sie die Wahl.“[27] Das ist doch wirklich eine gute Nachricht.

Bremer Erklärung: „Wechseljahre multidisziplinar“

Das Forum Frauengesundheit (FFG) wurde 1994 gegründet und beschäftigt sich mit Aspekten rund um das Thema Frau und Gesundheit: ein Frauenbündnis mit Vertreterinnen aus Projekten, Beratungsstellen, Bildungs- und Forschungseinrichtungen, Verbänden, Kliniken und Behörden. Im Jahre 2003 veranstaltete das Forum Frauengesundheit, auch mit Unterstützung des Bundesministeriums für Familie, Senioren, Frauen und Jugend, in Bremen einen Kongress unter dem Thema: Wechseljahre multidisziplinär – was wollen Frauen, was brauchen Frauen? Zum Abschluss wurden die zentralen Thesen in der so genannten Bremer Erklärung „Wechseljahre multidisziplinär“ verabschiedet. Sie sollen zur Entwicklung neuer Konzepte und Strukturen im Umgang mit den Wechseljahren beitragen.

„Wechseljahre sind eine natürliche Phase im Leben von Frauen und keine Krankheit. In den Wechseljahren greifen körperliche, psychische und soziale Prozesse ineinander. Veränderungen, die Frauen während dieser Zeit erleben, können sehr verschiedenartig sein und unterschiedliche Ursachen haben. Sie bilden die Vielfalt der Lebenswirklichkeit ab und sind im Kontext ihrer Lebenssituation zu sehen. Die Wechseljahre sind nicht auf hormonelle Veränderungen zu reduzieren. Die einseitige Sichtweise und Bewertung führt zu unangemessenen Behandlungskonzepten und zu Über-, Unter- und Fehlversorgung. Die mit zweifelhaftem Nutzen und mit Risiken einhergehende Therapie mit Sexualhormonen ist dafür nur ein deutliches Beispiel.
Es stellt sich die Frage, ob Frauen überhaupt eine professionelle Begleitung in dieser Lebensphase benötigen, und wenn ja, wie ein frauen- und situationsgerechtes Angebot aussehen kann.

Gefordert werden unabhängige und vor allem verlässliche Informationen rund um diese Lebensphase und entsprechende Beratungs- und Behandlungsangebote, die den aktuellen Wissensstand, einschließlich der Risiken und Nutzen, vermitteln. Die Bedürfnisse der Frauen sollen stärker berücksichtigt werden und die Medikalisierung der Wechseljahre soll beendet werden. Wir fordern, dass Aktivitäten entwickelt werden, die in unserer Gesellschaft das Altern von Frauen sowie ihre Kompetenzen und Lebenserfahrungen wertschätzen.“

Bleibt zu wünschen, dass für möglichst viele Frauen die Wechseljahre kein Schlussakkord sind, sondern eine Zeit für Veränderungen und neue Chancen. Forschungsergebnisse aus jüngster Zeit zeigen übrigens, dass Menschen im mittleren Lebensalter ein großes Lernpotenzial haben. Erwachsene können ihr Fakten- und Handlungswissen erheblich ausbauen und sogar bis ins höchste Alter erweitern.

Teil II: Die Krankheit lässt sich gut behandeln

Wer gesund ist,
hat tausend Wünsche,
wer krank ist,
nur einen.

Sprichwort

Antidepressiva: Versuch und Irrtum

Glücklicherweise hat die Forschung in den letzten Jahrzehnten große Fortschritte gemacht. Ein Erfolg: Immer mehr an Depressionen Erkrankte können mit einem Antidepressivum gut behandelt werden. Die Beschwerden klingen dann in der Regel innerhalb von ein paar Wochen deutlich ab. Was dabei wirklich im Gehirn vorgeht, weiß bisher niemand genau.

„Stell dich nicht so an“, „Das geht schon vorbei“, „Du hast doch wirklich keinen Grund, dich zu beklagen“ – mittlerweile weiß man, dass Depressionen nichts mit Willensentscheidungen zu tun haben und solche Sätze folglich überhaupt nicht helfen, sondern Betroffene noch mehr ins Abseits drängen. Bei Zahnschmerzen geht man logischerweise von selbst zum Arzt, schluckt auch wie selbstverständlich Medikamente. Bei Problemen mit dem Magen, Darm oder Herzen steht ebenfalls ein Besuch bei einem Experten auf dem Programm. Anders bei psychischen Problemen: Am besten soll niemand merken, dass irgendetwas nicht stimmt, dass man sich nicht wohl in seiner Haut fühlt oder auch total am Ende ist. Psychische Probleme hat man eben nicht. Sie gelten als Schwäche. Für viele Betroffene ist es daher eine große Erleichterung zu erfahren, dass Stoffwechselstörungen für ihre Depression mitverantwortlich sind. Mit diesem Wissen können sie die Einnahme von Antidepressiva leichter akzeptieren.

Die Chemie der Gefühle ist nicht mehr im Lot

Bei der Depression stimmt die Chemie zwischen den Nervenzellen nicht mehr. Das Netzwerk bricht in einigen Gehirnregionen zusammen. Man kann sich das etwa wie folgt vorstellen: Zwischen jeder Nervenzelle bzw. ihren Ausläufern befindet sich ein winziger Spalt, eine so genannte Synapse. Signale bzw. Informationen brauchen also ein Transportmittel, um diesen Spalt zu überwinden und zur nächsten Nervenzelle zu gelangen. Dieses Transportmittel sind die Botenstoffe, Neurotransmitter genannt. Bei depressiven Störungen fehlt einer der Stimmungsbotenstoffe Noradrenalin oder Serotonin – oder sogar beide. Dann ist das Gleichgewicht im Gehirn gestört, es können nicht mehr alle Signale weitergegeben werden. Mit gezielt wirkenden Medikamenten wird hier ein Ausgleich geschaffen, bis sich die natürliche Balance wieder herstellt.[1] Die Ursachen derartiger Stoffwechselveränderungen im Gehirn sind wissenschaftlich bis heute und wahrscheinlich noch auf lange Zeit nicht geklärt.

Wissenschaftler identifizieren das zuständige Gen

Ein internationales Wissenschaftsteam hat Anfang dieses Jahrtausends ein Gen identifiziert, das mit darüber entscheidet, ob ein Mensch an einer Depression erkrankt. Es hat den unspektakulären Namen 5-HTT und ist wichtig für die Signalvermittlung zwischen den einzelnen Nervenzellen des Gehirns. 5-HTT kommt beim Menschen in einer langen und einer kurzen Variante vor und hat entscheidenden Einfluss auf die psychische Stabilität. Wer von seinen Eltern zweimal die kurze Variante geerbt hat, dessen Wahrscheinlichkeit, in schweren Zeiten an einer Depression zu erkranken, steigt um den Faktor 2,5 gegenüber Menschen, die zweimal die lange Variante besitzen. Für die Zukunft hoffen Wissenschaftler, mit Hilfe von Erkenntnissen aus der Genforschung mögliche Betroffene ausmachen zu können, bevor die Krankheit ausbricht. Bis dieser Traum wahr wird, wird es allerdings noch eine ganze Weile dauern.

Dass Betroffene nicht mehr so lange leiden müssen und schnell mit einem wirksamen Antidepressivum behandelt werden können, steht derzeit auch im Mittelpunkt der amerikanischen Forschung. Wissenschaftler in den USA konnten jetzt durch Anlegen eines Magnetfeldes mit einem Kernspintomographen sichtbar machen, dass die Menge der Neurotransmitter Serotonin und Noradrenalin bei Menschen mit depressiven Störungen vermindert ist.

Antidepressiva können keine Probleme lösen

In den meisten Fällen verbirgt sich hinter einer Depression allerdings mehr als lediglich eine chemische oder genetische Störung. Diese Erkrankung ist auch ein Zeichen dafür, dass im Leben nicht mehr alles so ist, wie es sein sollte.

Friederike etwa ist an Depressionen erkrankt, weil sie den Verlust ihres Mannes durch den Tod nicht verarbeitet hat. Irmgard wird seit Jahren im Büro gemobbt. Susanne ist depressiv geworden, weil sie sich immer neue Verpflichtungen aufgeladen hat. In solchen Fällen sind psychotherapeutische Gespräche angebracht: um hinter die Fassade zu gucken, alte Verhaltensmuster aufzulösen, sich von Ballast zu befreien. Das weiß auch Eva. Sie hat eine Gesprächstherapie gemacht, die ihr sehr gut getan hat. Im Verlauf der Therapie hat sie auch verschiedene Antidepressiva ausprobiert, bis sie nach drei langen Jahren endlich das für sie richtige Medikament gefunden hatte. „Es ist wie die Suche nach einem Schlüssel, der in mein Schloss passt“, beschreibt die Lehrerin, 32, Mutter von zwei kleinen Kindern, ihre

Erfahrung. Jahrelang hat sie ihre inneren Qualen so empfunden, dass jemand nur einen bestimmten Knopf drücken muss, damit es ihr besser geht. „Früher war ich ganz gegen Medikamente, weil ich dachte, die Ärzte wollen mich nur ruhig stellen. Aber das stimmt ja gar nicht. Mich hat niemand aufgeklärt, was Antidepressiva eigentlich sind", erzählt sie. Auch Eva weiß: Antidepressiva können ihre Probleme nicht lösen. Aber seit sie nicht mehr nur von Trauer und Hoffnungslosigkeit beherrscht wird, kann sie ihr tägliches Leben mit den anstehenden Konflikten besser in Angriff nehmen.

Aufklärung tut not

Antidepressiva gehören zur Gruppe der Psychopharmaka – da denkt man meistens sofort an Beruhigungsmittel, an Sucht und Ähnliches. Wahrscheinlich tragen diese Assoziationen mit dazu bei, dass diese Medikamente äußerst ungerne eingesetzt und eingenommen werden. Daher kann nicht oft genug, geradezu gebetsmühlenartig, gesagt werden:

- Antidepressiva machen nicht süchtig.
- Sie verändern nicht die Persönlichkeit.
- Sie sind keine Aufputschmittel oder Stimmungsaufheller, keine Schlaf- oder Beruhigungsmittel.

Dennoch halten sich diese Meinungen hartnäckig – bei Betroffenen und ihren Angehörigen. Weil auch Hausärzte zu wenig über Depressionen und die richtige Behandlung wissen, werden viele Patienten oftmals nicht ausreichend therapiert. Aufgrund dieses Un- oder Halbwissens müssen sie dann jahrelang leiden. Das müsste nicht sein. Mit einem bildgebenden Verfahren, der so genannten Magnetresonanzspektroskopie (MR-SPEKT), konnte eindeutig nachgewiesen werden, dass Medikamente Einfluss auf biochemische Prozesse im Gehirn haben und zu Veränderungen führen. Mit dem passenden Antidepressivum kommt die Chemie der Gefühle wieder ins Lot.

In Nürnberg und Würzburg wurde – als Teilprojekt im Rahmen des Kompetenznetzes Depression, Suizidalität – in der Bevölkerung eine Umfrage durchgeführt: Eine Behandlung mit Medikamenten bei Depressionen wird skeptisch beurteilt. 80 Prozent der Befragten sehen bei Antidepressiva die Gefahr von Abhängigkeit, 69 Prozent die von Persönlichkeitsveränderungen.[2] 71 Prozent befürchten starke Nebenwirkungen. 70 Prozent lehnen eine pharmakologische Behandlung zwar nicht grundsätzlich ab, aber sie findet auch nicht mehr Akzeptanz als ein Besuch beim Heilpraktiker. Fazit: Es muss mehr über Antidepressiva informiert und aufgeklärt werden. Denn bei Depressionen ist eine Behandlung mit Antidepressiva in Kombination mit Psychotherapie in der Regel die erfolgreichste Behandlungsform.

Nicht einfach schlucken – fragen!

Verschreibt der Arzt ein Antidepressivum (oder auch ein anderes Medikament), tauchen bei Patienten meist viele Fragen auf – leider oft erst dann, wenn man nach dem Arztbesuch wieder zu Hause ist. Die folgenden zehn Punkte helfen beim Gespräch mit dem Arzt:

1. Wie heißt das Medikament? Welche Wirkstoffe enthält es?
2. Wie wirkt es? Kann es heilen oder lindert es nur die Krankheitssymptome?
3. Wann oder wie soll ich es einnehmen oder anwenden?
4. Wie kann ich feststellen, ob das Medikament wirkt? Was soll ich tun, wenn es nicht wirkt?
5. Was soll ich tun, wenn ich eine oder mehrere Einnahmen vergessen habe?
6. Was geschieht, wenn ich das Medikament nicht nehme?
7. Wie lange soll ich es nehmen? Was soll ich tun, wenn ich vorher eine Besserung feststelle?
8. Welches sind die wahrscheinlichen Nebenwirkungen? Welche sind selten, aber nicht harmlos, und was soll ich tun, wenn sie auftreten? Kann man von diesem Mittel abhängig werden?

9. Kann ich andere Medikamente während dieser Zeit einnehmen? Kann ich Alkohol trinken? Gibt es Nahrungsmittel, die ich meiden sollte? Beeinträchtigt das Medikament mein Reaktionsvermögen? Kann ich Auto fahren?
10. Welche Alternativen zur medikamentösen Behandlung gibt es? Wie kann ich den Heilungsprozess sonst noch fördern?

Diese Fragen gibt es auch als Faltblatt für die Handtasche unter www.bukopharma.de.

Nebenwirkungen sorgfältig abwägen

Wie jedes Medikament haben auch Antidepressiva Nebenwirkungen – beispielsweise Übelkeit, Appetitverlust, Kopfschmerzen, Nervosität, Schlaflosigkeit. Je nach Präparat, nach psychischer und physischer Verfassung können diese Beschwerden recht unangenehm sein. Sie müssen aber nicht unbedingt auftreten. Jede Betroffene weiß aus Erfahrung, dass man bereit ist, so einiges zu ertragen oder wegzustecken, wenn nur die eigene Seele gesundet. Daher kann nur jede für sich selbst entscheiden, ob die Nebenwirkungen erträglich sind oder nicht. Wenn nicht, gilt: Sprechen Sie mit Ihrem Arzt. Diese Offenheit ist wichtig für den Erfolg der Behandlung. Dann können Sie unter Umständen eine andere Dosierung ausprobieren oder das Präparat wechseln. Tipp: Im Beipackzettel den entsprechenden Abschnitt überspringen – oder bei der Lektüre ruhig Blut bewahren. Die Nebenwirkungen *können* auftreten, müssen aber nicht. Die Pharmaindustrie muss sich jedoch absichern.

Menschen reagieren sehr unterschiedlich auf einzelne Medikamente. Das kann mit dem Alter zusammenhängen, mit den Nieren- und Leberfunktionen, sicher ist auch die Veranlagung ein Aspekt oder das Geschlecht. Ess- und Trinkgewohnheiten können ebenfalls eine Rolle dabei spielen, ob bestimmte Medikamente schneller oder langsamer im Körper abgebaut werden. Rauchen beschleunigt beispielsweise den Abbau. Ganz wichtig zu wissen: Auch harmlose, frei verkäufliche Präparate wie z. B.

Johanniskraut können Wechselwirkungen mit anderen Medikamenten auslösen. Deshalb gilt generell: Der Arzt muss wissen, was der Patient alles schluckt.

„Ich kann dann überhaupt nicht mehr schlafen"

Für Nicole, 43, sind Antidepressiva eine Erleichterung. Sie lebt mit immer wiederkehrenden Schüben von Depressionen, wie sie es nennt. Die dauern in der Regel nicht länger als zwei Wochen. „Ich kann dann überhaupt nicht mehr schlafen. Kann nicht mehr runterfahren, bin total fertig und im Kopf ständig unter Strom." Wenn gar nichts mehr geht, bringt die allein erziehende Mutter ihren sechsjährigen Sohn irgendwo unter und holt sich medikamentöse Hilfe bei ihrem Neurologen oder in einer Ambulanz. Manchmal helfen auch schon Gespräche mit einem einfühlsamen Arzt, bei dem sie sich gut aufgehoben und betreut fühlt. Seit dreißig Jahren hat sie immer wieder diese Depressionen, die Diagnose kennt sie seit fast zwanzig, medikamentöse Unterstützung allerdings erst seit zehn Jahren.

Rückblickend erinnert sich die pharmazeutisch-technische Assistentin genau an die Anfänge. Als Nicole 13 Jahre alt war, zog sie mit der Mutter von München in eine fremde Stadt zum Stiefvater. „Wenn ich meine Tagebücher anschaue, hat es sich schon damals abgezeichnet. Depressionen liegen aber bei uns auch in der Familie. Mit Beginn der Periode habe ich dann viel geheult, mir nichts zugetraut und hatte immer wieder diese Einbrüche", erzählt sie. Diese Schübe begleiten Nicole bis heute. Bei Überforderung läuft bei ihr das gleiche Programm ab: Erst schläft sie mehrere Nächte schlecht, dann kommt die Angst hinzu, Verhaltensweisen wie zwanghaftes Kontrollieren etc. – so baut sich langsam der verhängnisvolle Teufelskreis auf. „Bei mir hängen die Depressionen immer mit dem Schlafen zusammen. Ich habe meistens keine durchgehende Nacht, daran bin ich gewöhnt. Aber wenn ich eine richtig schlechte Nacht hatte, fängt mein Gedankenkarussell an: Ich schaff das nicht. Was ist, wenn ich nicht mehr schlafen kann? Wenn ich im Job keine

Leistung bringe, mein Kind nicht versorgen kann?" Mit ihrem Ex-Mann hat sie während der gesamten 15 Ehejahre nicht über ihre Depressionen sprechen können. „Er konnte es nicht verstehen und hat sich mehr und mehr zurückgezogen."

Eigentlich ist Nicole momentan sehr glücklich, sie ist frisch verliebt. Eigentlich, denn: „Verliebtsein bedeutet für mich auch Stress. Und dann kann ich nicht schlafen. Dazu kommt die Angst, dass mein neuer Partner vielleicht mit meiner Krankheit nicht umgehen kann und ich alles in den Sand setze", erklärt Nicole. Mittlerweile hat sie keine Aversionen mehr gegen Medikamente, früher war das anders. „Solange ich die Möglichkeit habe, mit Antidepressiva aus der Hölle wieder rauszukommen, ist es okay." Sie jongliert nach Absprache mit der Dosis, je nach Befinden. Nicole denkt auch darüber nach, die Medikamente zwischendurch nicht wieder abzusetzen. „Es hat lange gedauert, bis ich Antidepressiva akzeptieren konnte. Inzwischen sehe ich sie als Segen." Tranquilizer hingegen machen ihr große Angst. Die sind wirklich nur für die ganz extreme Krisensituation.

„Ich möchte noch ein zweites Kind"

Sport machen, sich gut ernähren, Yoga, Meditation, autogenes Training und eine Psychoanalyse: Auch Nicole hat wie viele Betroffene schon so einiges ausprobiert, um ihre Depressionen irgendwie in den Griff zu kriegen. Ohne Erfolg. Nur mit Antidepressiva kommt sie aus dem Loch immer wieder raus. Jetzt hat sie noch einen Wunsch: ein gemeinsames Kind mit ihrem neuen Partner. Wenn nur die Depressionen nicht wären. Bei ihrem Sohn hatte sie zu Beginn der Schwangerschaft und auch nach der Geburt zu Hause ihre Einbrüche, konnte aber mit Gesprächen und Johanniskraut die Lage in den Griff bekommen. Natürlich bleibt die Angst: Was ist, wenn ich wieder Depressionen bekomme und es nicht aushalte? Nicole hat sich mittlerweile bei der Ravensburger Beratungsstelle für Medikamente in der Schwangerschaft nach Erfahrungen mit ihrem Antidepressivum erkundigt. Jetzt hat sie eine Angst weniger. Denn sie weiß, dass sie für den Fall der Fälle auch in der Schwangerschaft auf medikamentöse Unterstützung zurückgreifen kann. (Mehr zu diesem Thema auf S. 37 ff.)

Antidepressiva sollten regelmäßig eingenommen werden

Martina ist total unruhig, kann überhaupt nicht schlafen. Karin hingegen hat keine Energie, sie ist antriebslos, fast phlegmatisch. Für wen ist nun welches Antidepressivum das richtige? Ebenso wie es bei allen anderen Medikamenten der Fall ist, werden auch Antidepressiva danach ausgewählt, welche Beschwerden der Patient hat. Es gibt beispielsweise angstlösende, beruhigende, antriebssteigernde und aktivierende Mittel. Alle beeinflussen die Botenstoffe Serotonin und/oder Noradrenalin. Die Entscheidung über das richtige Präparat und die entsprechende Dosierung kann nur ein Facharzt treffen. Außerdem braucht man ein bisschen Geduld: So dauert es bei dem einen drei Wochen, bis das verordnete Antidepressivum zu wirken beginnt, ein anderer muss sechs Wochen darauf warten, dass es ihm endlich besser geht. Unbedingt beachten: Das Medikament regelmäßig einnehmen und auf keinen Fall ohne Rücksprache mit dem Arzt die Dosierung verändern oder das Präparat ganz absetzen.

Seit den 50er-Jahren kommen durchschnittlich alle zehn Jahre neue Antidepressiva auf den Markt: Ein Ziel der medizinischen Forschung ist es, nebenwirkungsarme Präparate zu entwickeln. Viele Patienten brechen nämlich auch deshalb die Behandlung ab, weil sie die Begleiterscheinungen nicht ertragen können. Das ist bei schweren Nebenwirkungen auch durchaus in Ordnung, sollte aber auf jeden Fall mit dem Arzt besprochen werden, damit der ein anderes Antidepressivum aussuchen kann.

Heute unterscheidet man insbesondere:

Trizyklische Antidepressiva

Sie werden seit den 50-Jahren bei Depressionen eingesetzt. Der Name beschreibt die Form der Stoffe – ihr chemisches Gerüst besteht aus drei ringförmigen Bausteinen. Was genau machen trizyklische Antidepressiva? Sie nehmen verschiedene Botenstoffe des Gehirns ins Visier und hemmen den Rücktransport, vor allem von Serotonin und Noradrenalin, in die ausschüttende Nervenzelle. Leider verursachen sie unter Umständen unangenehme Nebenwirkungen wie Verstopfung, Mundtrockenheit, Schwindel, Blutdrucksenkung oder auch -steigerung und Herzklopfen.

Selektive Serotonin-Wiederaufnahmehemmer (SSRI)

Weil der Name so lang und kompliziert ist, laufen diese Medikamente unter der Abkürzung SSRI (aus dem Amerikanischen: Selective Serotonin reuptake Inhibitors). In den USA ist das bekannteste Mittel Prozac, das es als Fluctin auf dem deutschen Markt gibt. Bei uns wird diese Gruppe der Antidepressiva seit den 90-Jahren verschrieben. SSRI blockieren die Wiederaufnahme von Serotonin an den ausschüttenden Nervenzellen. So bleibt das Serotonin länger in der Synapse und entfaltet seine Wirkung. Da andere Botenstoffe praktisch nicht beeinflusst werden, haben diese Präparate weniger Nebenwirkungen und gelten als besser verträglich. Die Wirksamkeit von SSRI ist mittlerweile gut belegt. Aber: Bei den SSRI ist es besonders wichtig, Wechselwirkungen mit anderen Medikamenten zu beachten. Es besteht die Gefahr schwer wiegender Komplikationen, vor allem in Verbindung mit anderen Psychopharmaka.

MAO-Hemmer

Die Wirkung der so genannten MAO-Hemmer beruht darauf, dass Botenstoffe im Gehirn vom Stoffwechsel langsamer abgebaut werden, indem das Enzym Mono-Amino-Oxidase blockiert wird. Nebenwirkungen: Übelkeit, innere Unruhe. Vorsicht: Bei einigen MAO-Hemmern muss eine bestimmte Diät befolgt werden, sonst steigt der Blutdruck zu sehr an.

USA warnen vor Suizidrisiko

In den USA gehören die SSRI zu den am häufigsten verschriebenen Medikamenten. „Dass die SSRI heute so beliebt sind, geht nicht auf ihre überlegene Wirkung zurück, sondern auf geringe Nebenwirkungen und große Sicherheit: Sie eignen sich so gut wie nicht zum Selbstmord“, schreibt Andrew Solomon.[3] Diese Einschätzung hat sich mittlerweile geändert. Im Frühjahr 2004 spricht die amerikanische Zulassungsbehörde Food and Drug Administration (FDA) einen öffentlichen Warnhinweis an Ärzte und Patienten aus: Studienergebnisse zu dem Wirkstoff Paroxetin legen nahe, dass bei Kindern ein mögliches Selbstmordrisiko in den ersten Wochen der Therapie oder nach einer Dosisänderung vorliegt. Die Warnung betrifft die folgenden Substanzen: Fluoxetin, Sertralin, Paroxetin, Fluvoxamin, Citalopram, Escitalopram, Bupropion, Venlafaxin, Nefazodon und Mirtazapin. So wurden die Hersteller angewiesen, in ihren Beipackzetteln auf ein mögliches Suizidrisiko im Zusammenhang mit der Einnahme ihrer Medikamente hinzuweisen.

In Deutschland besteht für SSRI eine Anwendungsbeschränkung. Trotzdem gilt: Die Einnahme von Antidepressiva sollte nur unter ärztlicher Kontrolle erfolgen, auch die Dosis darf nicht ohne Rücksprache verändert werden. Außerdem muss der Arzt über alle weiteren Medikamente, die eingenommen werden, unbedingt Bescheid wissen.

Placeboeffekt: Auch der Glaube hilft

Sie haben die gleiche Form, Farbe und Größe wie das Medikament. Der einzige Unterschied ist der fehlende Wirkstoff. Die Rede ist von so genannten Placebos, Scheinmedikamenten ohne Wirkstoff, die dennoch heilend wirken können. Wie kann solch ein Arzneimittel wirken? Placebos (von lateinisch „placebo", wörtlich übersetzt bedeutet das: „Ich werde gefallen.") können tatsächlich exakt die Schmerzen lindern, gegen die sie der Arzt verordnet hat. Bis jetzt ist nicht genau bekannt, wie diese Scheinmedikamente wirken. Vermutet werden Selbstheilungskräfte, die der Glaube an das Präparat aktiviert. Statistisch gesehen helfen Placebos immerhin in zwanzig Prozent der Krankheitsfälle, manche Autoren sprechen sogar von bis zu fünfzig Prozent.

Bei den Placebos wirken sehr große oder sehr kleine Tabletten besser als mittelgroße, rote besser als weiße. Je wichtiger der Name klingt und je komplizierter die Handlungsanweisungen, desto wirksamer sind sie. Placebos können übrigens auch Nebenwirkungen wie beispielsweise Kopfschmerzen, Müdigkeit, Verstopfungen oder sogar Hautausschläge verursachen. Sie werden vor allem in der Forschung eingesetzt, wenn die Wirksamkeit eines neuen Wirkstoffs überprüft werden soll. In so genannten Placebo-kontrollierten Studien bekommen Patienten entweder das wirkstoffhaltige Arzneimittel oder ein Scheinmedikament ohne pharmakologische Wirkung. Jeder teilnehmende Patient wird vorher darüber informiert, dass es eine Placebo-Kontrollgruppe gibt, weiß aber nicht, ob er das Arzneimittel oder das Placebo erhält. Außerdem gibt es so genannte Doppelblind-Studien: Da erfährt auch der Arzt nicht, ob der Patient einen Wirkstoff oder ein Placebo bekommt.

Auf vielen medizinischen Gebieten und bei jeder Behandlung lässt sich der Placeboeffekt feststellen: Patienten bekommen Scheinmedikamente und fühlen sich besser, ohne dass ein Wirkstoff etwas verändert hat. Das gilt auch für Operationen oder Psychotherapie. Untersuchungen haben z. B. ergeben, dass Spritzen stärker wirken, wenn sie vom Arzt statt von der Krankenschwester verabreicht werden.

Die Behandlung und der Glaube daran spielen vor allem bei Depressionen eine wichtige Rolle. Patienten, die beispielsweise in einer klinischen Studie als Vergleich zum wirklichen Antidepressivum ein Placebo bekommen, erleben zu vierzig Prozent eine Besserung. Das erklärt man zum einen damit, dass die vermehrte Zuwendung im Rahmen der Studie die Hirnfunktion Depressiver verbessert. Manche Beschwerden verschwinden auch einfach so. Aber es stimmt: Placebos können im Körper tatsächlich messbare Veränderungen bewirken. Die Information, die ein Patient über die Wirksamkeit und die Anwendung einer Therapie erhält, beeinflusst ebenfalls die Placebowirkung. Insofern sind sie in ihrer Wirkung auch an die Erwartungen der Patienten gebunden. Es gibt Hinweise darauf, dass der Placeboeffekt in vielen Fällen schon ganz einfach über eine Entspannung zustande kommt. Wichtig ist auch der so genannte Kontexteffekt: die Situation beim Arzt, die Art und Weise, wie er mit seinen Patienten umgeht. Nimmt er sich Zeit? Wie gut erklärt er die Krankheit? Diese Atmosphäre bestimmt Erwartungen und Umgang des Patienten mit seiner Krankheit vermutlich stärker als die Hoffnung auf die Wirkung einer Therapie. Das Geheimnis des Therapieerfolgs liegt also unbedingt auch in dem Vertrauensverhältnis zwischen Arzt und Patient.

Ausblick: Viele offene Fragen

Seit 1993 haben sich die Verordnungen von Antidepressiva mehr als verdoppelt, meldet der Arzneiverordnungsreport 2002. Das hängt sicherlich damit zusammen, dass depressive Störungen eher erkannt und behandelt werden. Auch weiß man mittlerweile, dass diese Medikamente Therapien bei anderen Krankheiten unterstützen können. Inzwischen gibt es eine ganze Reihe von Studien, so der Verband Forschender Arzneimittelhersteller in Berlin, wonach beispielsweise viele Alzheimer-, Parkinson- und Schlaganfallpatienten ebenfalls von Antidepressiva profitieren, weil sie deren Lebensqualität verbessern und die Sterblichkeit senken.

Wie genau Antidepressiva bei Depressionen wirken, ist noch nicht geklärt. Immer ausgefeiltere chemische Substanzen werden in Studien untersucht. Das Ziel der Forschung ist ein maßgeschneidertes Medikament für jeden Patienten. Bis es so weit ist, wird es allerdings noch ein paar Jahre dauern. Vielleicht kann dann auch den Betroffenen geholfen werden, die momentan nicht auf Antidepressiva ansprechen und andere Behandlungsformen ausprobieren müssen.

Bis dahin gilt: Die Patienten müssen bereit sein zu experimentieren. Das betrifft sowohl die medikamentöse Behandlung als auch die Psychotherapie und andere unterstützende Maßnahmen wie Yoga, Bachblüten, Tai Chi oder Ähnliches. Wer Medikamente nicht verträgt, kann vielleicht durch Gespräche mit einem Therapeuten viel erreichen. „Doch es gibt auch Menschen, die nach Tausenden von Analysestunden bloß eine Tablette nehmen müssen, um sich besser zu fühlen", so Andrew Solomon aus Erfahrung. Die einen sprechen eben auf diese Therapie gut an, die anderen eher auf jene. Mal treten fürchterliche Nebenwirkungen auf, mal nicht die geringsten. So kommt auch Solomon zu dem Schluss: „Jene, die ihre Krankheit entscheidend beeinflussen können, dürfen sich glücklich schätzen, auch wenn sie noch so Schlimmes durchgemacht haben."[4]

Erfahrung

Wenn dein inneres Gleichgewicht
wieder hergestellt ist
und du im Einklang mit dir bist –

verlässt dich die Angst.

Du kannst dem Leben wieder mit Ruhe
Gelassenheit und Freude
gegenübertreten
denn ganz tief in dir spürst du –
alles ist gut so wie es ist.

Annette Nauermann

Psychotherapie: Ein Blick hinter die Kulissen

Welche Behandlung ist bei Depressionen angesagt? Wissenschaftlich zweifelsfrei abgesichert sind Antidepressiva, Verhaltenstherapie und tiefenpsychologisch orientierte Psychotherapien. Wer eindeutig unter einer saisonal bedingten Depression leidet, erzielt oft mit Lichttherapie gute Erfolge. Wenn weder Medikamente noch Psychotherapie helfen, lohnt auf jeden Fall ein Versuch mit der Elektrokrampftherapie. Viele Wege führen zum Ziel. Manchmal über längere Umwege, manchmal über eine Abkürzung. Jeder muss seinen eigenen Weg finden.

Es gibt sicher angenehmere Nachrichten als die Diagnose Depression. Andererseits wird in Deutschland nur etwa jede zweite Depression erkannt, nur jede fünfte richtig therapiert. Manche Betroffene haben einen jahrelangen Leidensweg hinter sich.

Mit der richtigen Diagnose kann endlich die Behandlung in die Wege geleitet werden. Ein erster Schritt zum Licht am Ende des Tunnels.

Die Diagnose kann nur vom Fachmann erfolgen

Eine Depression ist ein ernsthaftes medizinisches Problem und gehört unbedingt in die Hände von Fachleuten. Es gibt Überschneidungen mit anderen Krankheiten: Hormone sowie Medikamente können ebenfalls depressive Störungen verursachen, beispielsweise Arzneimittel für Herz- und Kreislauferkrankungen, Blutdruck senkende Präparate, die Pille und bestimmte Antibiotika. Nur ein Arzt kann die eindeutige Diagnose stellen und nach einer gründlichen Untersuchung körperliche Ursachen ausschließen.

In den meisten Fällen erkrankt man nicht einfach grundlos an einer Depression. Sie ist oft ein Zeichen der Seele, dass etwas im Argen liegt. Vielleicht wurden Schwierigkeiten mit dem Partner zu lange unter den Teppich gekehrt. Oder das Verhältnis zur Mutter quält einen schon seit Jahren. Ein Angehöriger ist gestorben; der Job ist öde, man gesteht es sich nur nicht ein. Solche Krisensituationen kennt zwar jeder, verarbeitet sie aber je nach Konstitution anders. Bei manchen Menschen kommen die Botenstoffe im Gehirn bei solch einschneidenden Lebensereignissen, auch „life events" genannt, ins Ungleichgewicht und sie erkranken dann an einer Depression. Wieder andere sind mit einem dickeren Fell ausgestattet, haben einfach Glück: Sie können tief greifende Erlebnisse verarbeiten, ohne an einer depressiven Störung zu erkranken.

Ursula, 54, geht seit drei Jahren einmal in der Woche zu ihrer Psychotherapeutin. Sie redet sich alles von der Seele, was sie bedrückt und versucht, ihren körperlichen Beschwerden auf die Spur zu kommen. Zehn Jahre lang ist sie von Arzt zu Arzt gerannt. Niemand konnte ihr helfen. Eines Tages ist die Lehrerin dann endlich bereit, sich mit dem Gedanken anzufreunden, dass ihre Seele in Bedrängnis geraten ist und sie professionelle Hilfe braucht. Dann ergibt sich alles wie von selbst. Eine Freundin, der sie sich anvertraut, weiß von einer kassenzugelassenen Psychotherapeutin, Ursula geht zu einem Beratungsgespräch. Und stellt fest: Der Frau kann ich vertrauen. Sie ist mir sympathisch. Heute ist Ursula froh, dass sie diesen Weg für sich gefunden hat: „Ich habe viel gelernt in den letzten Jahren. Ich hätte vorher nicht gedacht, dass es mich so erleichtert." Auch wenn es immer wieder Therapiesitzungen gibt, in denen Vergangenes aufgewühlt wird und sie traurig und ausgepowert nach Hause kommt. Das gehört dazu. In ihrem Leben hat sich seither vieles verändert: Ursula achtet mehr auf das, was sie wirklich will und versucht, nicht immer anderen alles recht machen zu wollen. Da ihr Mann lieber vor dem Fernseher sitzt, geht sie abends auch mal allein ins Kino oder trifft sich mit einer Freundin auf ein Glas Wein. Heute empfindet sie es als ein Zeichen von Mut und Stärke, dass sie eine Psychotherapie macht, sich Hilfe holt und etwas verändern will.

Hausarzt oder Psychotherapeut?

Je nach Grad der Erkrankung – leicht, mittelschwer oder schwer – reicht manchmal ein Gespräch mit dem Hausarzt oder einem guten Freund, um die Seele wieder zu erleichtern und die Selbstheilungskräfte zu aktivieren. Schließlich heilen nicht nur Psychotherapie und Medikamente, sondern auch gute zwischenmenschliche Kontakte. Andere Betroffene brauchen einen Psychotherapeuten oder Psychologen, um nach unausgesprochenen seelischen Problemen zu forschen. Dann kann auch besprochen werden, welcher Therapieansatz sinnvoll ist. Die eigene Kindheit durchforsten? Oder lieber im Hier und Jetzt arbeiten und Gegenstrategien erlernen, um anders mit Problemen umzugehen? Was genau im Einzelfall am besten ist, muss jeder für sich selbst (zusammen mit seinem Therapeuten) herausfinden. Im Idealfall arbeiten Fachleute – dem Problem und der jeweiligen Situation entsprechend – auch mit unterschiedlichen Ansätzen.

Passt der Therapeut zu mir?

Schätzungsweise fünf Prozent aller Behandlungen werden abgebrochen oder führen nicht zu den gewünschten Verbesserungen. Die Chemie zwischen Patient und Therapeut muss stimmen. Nur wer sich bei seinem Arzt wohl fühlt, kann mit ihm über alle Ängste und Sorgen offen sprechen. Und nur dann kann die Behandlung erfolgreich sein. Ohne ein Gefühl der Geborgenheit kann sich ein Patient in der Therapie nicht verändern. Das ist schließlich das erklärte Ziel. Tränen und Trauer gehören dazu, auch, dass es einem vorübergehend mal schlechter gehen kann. Wenn allerdings nichts vorangeht, sollte über einen Therapeutenwechsel nachgedacht werden. Oft gibt das Bauchgefühl den entscheidenden Hinweis, ob die therapeutische Beziehung wirklich gut und Erfolg versprechend ist.

Am besten klärt man schon im Vorfeld, ob der Therapeut eine Kassenzulassung besitzt, andernfalls sind die Chancen gering, dass die Krankenkasse die Kosten übernimmt. Wer sich nicht sicher ist, ob das Verfahren und/oder der Therapeut richtig sind, sollte noch bei einem anderen Fachmann einen Termin vereinbaren. Das kann ein Psychiater, ein Psychologe, Psychotherapeut oder Nervenarzt sein. Die insgesamt fünf Probesitzungen können nämlich bei unterschiedlichen Experten wahrgenommen werden. Die Krankenkasse zahlt auf jeden Fall.

Die Therapie ist in der Regel dann erfolgreich abgeschlossen, wenn der Patient wieder Vertrauen zu sich selbst gefasst hat und sich in der Lage sieht, sein Leben ohne professionelle Hilfe zu bewältigen und seine Probleme zu lösen.

Wer trägt die Kosten für eine Psychotherapie? Was ist vor Beginn der Therapie zu beachten? Wie sieht ein heilsamer, wie ein gescheiterter, wie ein missbräuchlicher Therapieverlauf aus? Antworten auf diese und viele andere Fragen rund um das Thema Psychotherapie gibt der Kurzratgeber der Verbraucherzentrale Hamburg (12 Seiten, 4,56 Euro per Einzugsermächtigung). E-Mail: bestellung@vzhh.de.

Psychotherapeuten finden Sie auch über Ihren Hausarzt oder die Gelben Seiten im Telefonbuch (Ärzteverzeichnis, Stichwort: Psychotherapie). Weitere Anlaufstellen im Serviceteil dieses Buches auf S. 165 ff. In der Regel erhalten Sie bei Ihrer Krankenkasse eine Liste der kassenzugelassenen Psychotherapeuten in Ihrer Stadt.

Bei depressiven Erkrankungen haben sich zwei Verfahren besonders bewährt: die kognitive Verhaltenstherapie und die interpersonelle Psychotherapie. Beide gehören zu den so genannten Richtlinienverfahren, werden also in der Regel von den Krankenkassen gezahlt. Sie wurden speziell für die Behandlung von Depressionen entwickelt.

Kognitive Verhaltenstherapie (KVT): die depressive Spirale umkehren

Diese Therapie hilft dem Patienten, negative Denkmuster zu erkennen und dann aufzubrechen. Sie beruht auf der Kernaussage: So wie wir denken, fühlen wir. Im Mittelpunkt der von Aaron Beck entwickelten Methode stehen frühkindliche oder gegenwärtige Erlebnisse. Der Therapeut gibt viele Hausaufgaben, jede der 20 bis 45 Sitzungen wird genau geplant und strukturiert. Der Patient lernt, warum er bestimmte Erlebnisse deprimierend findet und versucht, unangemessene Verhaltensweisen abzulegen. Er soll ganz bewusst auf seine Wahrnehmung achten, damit er nicht in negative Denkmuster abgleitet. Dabei geht es nicht um positives Denken, sondern um eine kognitive Umstrukturierung: negative Deutungen überprüfen, korrigieren und gedankliche Alternativen entwickeln – raus aus der depressiven Stimmung. All diese Denkmuster lassen sich gezielt einüben.[1] Menschen können lernen, so Beck, sich zu einer bestimmten Denkweise zu zwingen und dadurch ihre Realität grundlegend verändern. Abschließend werden diese Umstrukturierungen dann im Alltag überprüft.[2]

Zahlreiche Studien belegen, dass die kognitive Verhaltenstherapie vor allem bei leichten und mittelschweren Depressionen wirksam ist.[3] Oft wird sie begleitend zu Antidepressiva eingesetzt. Neurowissenschaftler in Toronto konnten jetzt für die kognitive Verhaltenstherapie nachweisen, dass sie – wie die Arzneitherapie – den Hirnstoffwechsel beeinflusst.

In einem anderen Forschungsprojekt, einer Gruppentherapie mit depressiven Müttern, wurde ebenfalls vorrangig mit Methoden der kognitiven Verhaltenstherapie nach Beck gearbeitet. Die Frauen wurden unter anderem angeregt, negative automatische Gedanken gezielt zu überdenken und zu verändern. Konkrete Verhaltensänderungen wurden anschließend in der Gruppe im Rollenspiel ausprobiert und im Alltag umgesetzt.[4] Erste Ergebnisse zeigen, dass das Projekt sich bewährt hat und eine Möglichkeit ist, auf die spezifischen Bedürfnisse von Müttern kleinerer Kinder einzugehen.

Interpersonelle Psychotherapie (ITP): klar strukturiert und zeitlich begrenzt

Diese relativ junge Therapieform wurde in den USA von einer Arbeitsgruppe um Gerald Klerman und seine Frau Myma Weissman speziell für die akute Behandlung bei Depressionen entwickelt. Sie wird interpersonelle Psychotherapie genannt, weil sie auf die Veränderung zwischenmenschlicher (interpersonaler) Beziehungen ausgerichtet ist. Probleme in diesem Bereich werden als Auslöser und Folge der Depression angesehen. Eine verbesserte Beziehungsfähigkeit ist, so die ITP, der beste Schutz. Zwischenmenschliche Schwierigkeiten, persönliche Verluste, Einsamkeit oder eine Veränderung der sozialen Rollen können zur Entwicklung einer depressiven Phase beitragen. Umgekehrt kann eine Depression auch Probleme in den zwischenmenschlichen Beziehungen verursachen.

In der Therapie werden ein oder zwei der wichtigsten Problembereiche bearbeitet. Es geht ausdrücklich nicht um Veränderungen der Persönlichkeit, sondern um eine bessere Bewältigung der gegenwärtigen Lebenssituation. Es wird versucht, wirksame Strategien zu entwickeln, um die aktuellen Probleme mit anderen Menschen oder soziale Schwierigkeiten zu bewältigen.

Die ITP umfasst maximal etwa 40 Behandlungssitzungen. Wichtiger Bestandteil sind die Diagnose und die ausführliche Information des Patienten über seine Erkrankung. Der Betroffene erstellt ein Verzeichnis seiner gegenwärtigen Beziehungen und definiert gemeinsam mit dem Therapeuten, was er von den jeweiligen Personen erwartet und bekommt. Gemeinsam werden klar umrissene, erreichbare Ziele festgelegt. Eine Studie, die die Kombination von ITP mit Antidepressiva untersuchte, kam zu dem Ergebnis: Männer sprechen eher auf Medikamente an, Frauen brauchen mehr Behandlung und profitieren besonders von der Kombination mit der interpersonellen Psychotherapie.[5]

Weitere Behandlungsformen

Lichttherapie

Die Winterdepression tritt regelmäßig in den trüben sonnen- und lichtarmen Jahreszeiten, meist vom Herbst bis zum Frühjahr, auf. Die Betroffenen sind antriebslos, müde und haben oft Heißhunger auf Süßigkeiten. Im Vordergrund steht die verminderte Energie, nicht die depressive Verstimmung. Diese so genannte saisonal abhängige Depression (SAD) wird auf die geringe Lichtmenge in den dunklen Monaten zurückgeführt. Fachleute gehen davon aus, dass allein in Deutschland bis zu 800 000 Menschen davon betroffen sind. Viele Patienten sprechen auf eine Lichttherapie an, die in der Regel nach zwei bis drei Wochen eine Besserung der Symptome bringt: Der Patient soll täglich bis zu zwei Stunden vor speziellen Lichtgeräten sitzen, am besten vormittags. Das Licht entspricht in seiner Zusammensetzung dem natürlichen Tageslicht. Es regt die Zirbeldrüse an, in ausreichendem Maße Melatonin abzusondern, das auch für Antrieb und Stimmung verantwortlich ist. Zur Vorbeugung von Rückfällen beginnt der Betroffene am besten schon im Herbst mit der Lichttherapie. Vorher sicherheitshalber die Augen untersuchen lassen.

Da die Speziallampen nicht gerade billig sind und eine Lichttherapie nur hilft, wenn die Beschwerden eindeutig saisonal bedingt sind, sollte ein Kauf genau überlegt werden. Denn nicht immer, wenn eine Depression im Winter auftritt, ist es auch eine Herbst-Winter-Depression. Nur wenige Betroffene mit wiederkehrenden Depressionen leiden wirklich an einer SAD. Am besten entscheidet der Facharzt, ob eine Lichttherapie sinnvoll ist. Unter Umständen hat er auch eine entsprechende Lampe in seiner Praxis oder kann an einen anderen Arzt überweisen.

Transkranielle Magnetstimulation (TMS)

Dieses Verfahren erforscht man erst seit Anfang der 90er-Jahre bei depressiven Störungen. In Kopfnähe wird über zwei bis vier Wochen täglich ein Magnetfeld schnell auf- und wieder abgebaut, um die Nervenzellen zu stimulieren. Das hört sich wild an, ist aber völlig schmerzfrei. Stoffwechsel und Durchblutung in diesem Bereich werden angeregt, Botenstoffe freigesetzt. Der Effekt ist so ähnlich wie bei der Einnahme von Antidepressiva. Der Patient spürt ein leichtes Kribbeln auf der Kopfhaut. Insgesamt gibt es etwa zehn Behandlungssitzungen mit jeweils 20 Reizserien von je zehn Sekunden. TMS gilt als relativ nebenwirkungsfrei. Bei jüngeren Patienten hat sich die Therapie als besonders wirksam erwiesen.

Vagusnervstimulation

Diese Methode kommt aus den USA, arbeitet wie die Elektrokrampftherapie (vgl. weiter unten) mit Strom und wird bei Patienten eingesetzt, die nicht auf Antidepressiva ansprechen. Der Arzt setzt in einer etwa 30-minütigen Operation dem Patienten einen Impulsgeber in die Brust und verdrahtet ihn mit dem Vagusnerv im Hals (dieser verbindet das Gehirn unter anderem mit den Brust- und Bauchorganen). Alle paar Minuten wird dieser Nerv dann sehr schwachen Stromstößen ausgesetzt. In Studien mit depressiven Patienten, bei denen eine Therapie mit Medikamenten nicht ausreichte, sprachen nach acht Wochen bis zu vierzig Prozent auf die Impulse an, nach einem Jahr sechzig Prozent.[6]

Schlafentzug oder Wachtherapie

Eine Nacht wach bleiben und auch den folgenden Tag über nicht schlafen – das ist in Kurzform die Schlafentzugsbehandlung. Sie ist einfach durchzuführen, gut verträglich, wirkt schnell und kann beliebig oft wiederholt werden. Die Wirksamkeit der Therapie ist zwar erwiesen, doch wie sie genau wirkt, ist noch nicht ausreichend erforscht. Vermutlich werden in der Nachtzeit vermehrt Botenstoffe im Gehirn produziert, die sich positiv auf die Stimmung niederschlagen. Für Betroffene ist es eine wichtige Erfahrung, dass sie nach einer durchwachten Nacht ein anderer Mensch sind, dass es ihnen mal wieder richtig gut geht. Dass der Teufelskreis der Depressionen durchbrochen werden kann, dass sie nicht hilflos der Krankheit ausgeliefert sind und ein Leben lang darunter leiden müssen, ist von unbezahlbarem Wert für die Betroffenen.

Außerdem kann die Wachtherapie die Wirkung von Antidepressiva verstärken. Vor allem, wenn sie mehrfach hintereinander durchgeführt wird. Wichtig zu wissen: Ein kleines Nickerchen am nächsten Tag genügt – dann ist die Wirkung dahin. Die meisten Ärzte empfehlen einen Aufenthalt in einer Klinik, da der Schlafentzug leichter fällt, wenn mehrere Patienten gleichzeitig die Nacht über wach bleiben und sich die Zeit mit Gesprächen, Spielen und Spaziergängen vertreiben.

Elektrokrampftherapie (EKT)

Wenn verschiedene andere Therapien keinen Erfolg hatten, ist EKT trotz des abschreckenden Namens einen Versuch wert. Der Arzt klebt dem Patienten zwei Elektroden auf die Schläfen. Durch einen kurzen Stromstoß, natürlich unter Narkose, wird ein künstlicher Krampfanfall ausgelöst. Nach etwa einer Minute ist alles vorbei. Dank Narkose und moderner Medikamente ist die Therapieform schmerzlos. Manchen pocht hinterher der Schädel, jeder Dritte ist eine Zeit lang unkonzentriert und vergesslich.

Man nimmt an, dass während der Behandlung vermehrt Botenstoffe freigesetzt werden, wodurch die depressive Phase durchbrochen wird. Die Therapie dauert drei Wochen mit insgesamt neun bis zwölf Anwendungen, am besten wird sie stationär durchgeführt. Viele Patienten würden sich wieder für diese Therapie entscheiden, weil das Abklingen der Depressionen so erleichternd ist. Bei 70 bis 80 Prozent der Betroffenen, denen Antidepressiva nicht geholfen haben, kommt es mit der EKT zu einer deutlichen Besserung. EKT, im Volksmund als „Elektroschocks" bezeichnet, hat in der Öffentlichkeit immer noch keinen guten Ruf und steht nur in einigen Fachkliniken zur Verfügung.

EMDR

Das Kürzel EMDR steht für „Eye Movement Desensitation and Reprocessing" und meint in etwa „Desensibilisierung und Neuverarbeitung durch Augenbewegungen". Diese Therapieform wurde 1987 in Kalifornien erfunden. EMDR hilft Menschen, traumatische Erfahrungen wie etwa den Tod eines nahe stehenden Menschen, eine Fehlgeburt oder einen schweren Unfall zu überwinden. In den Sitzungen wird der Patient mit den traumatischen Erinnerungen konfrontiert, er muss die schlimmen Bilder vor seinem inneren Auge ablaufen lassen. Dabei wird über das gesprochen, was ihm spontan zu seinen Gefühlen und der Situation einfällt. Nach ein paar Sekunden, wenn das Erlebnis präsent ist, beginnt der Therapeut, seine Hand von links nach rechts zu bewegen. Der Patient folgt seiner Hand mit den Augen und überlässt sich seinen Gefühlen. Danach werden die Erlebnisse während der Augenbewegungsphase besprochen.

Bei einem Trauma scheint das Nervensystem die Erinnerungen „einzufrieren" und im emotionalen Gehirn zu speichern, für das rationale Gehirn sind sie nicht zugänglich. Es scheint, dass die Augenbewegungen die beiden Gehirnbereiche wieder in Verbindung bringen, die traumatischen Gefühle werden sozusagen „aufgetaut".

Balsam für Körper und Seele: Sport und andere Wohltaten

Es gibt einiges, was einfach richtig gut tut. Die einen schwören auf Bachblüten, Kinesiologie, Qigong oder Reflextherapie. Andere auf Akupunktur, Homöopathie oder chinesische Medizin. Das alles kann nützlich sein. Aber Vorsicht: Zahlreiche Scharlatane und selbst ernannte Heiler wollen mit dem Leid anderer Geld verdienen.

Zu den meisten alternativen Behandlungsformen gibt es gar keine oder nur wenige Untersuchungen, wie sie in punkto Depressionsbehandlung wirken. Oftmals werden auch methodisch fragwürdige Studien herangezogen, um angebliche Erfolge zu untermauern. Im Öko-Test-Kompakt „Sanft heilen" (2004) heißt es kurz und knapp zu den Heilverfahren: Bioresonanztherapie, Bachblütentherapie, Aderlass, Blutegeln, Schröpfen, Eigenbluttherapie, Ozontherapie, Eigenharntherapie, Geistheilen, Pendeln, Wünschelruten, Edelsteintherapie, Irisdiagnostik: nicht zu empfehlen. Auch die Weltgesundheitsbehörde warnt vor bestimmten Heilmethoden, da die Verbraucher oft zu wenig über die Risiken erfahren. Von der Schulmedizin in der Schmerzbehandlung mittlerweile akzeptiert wird Akupunktur, eine uralte chinesische Therapieform. Sicherlich gilt: Auch ohne wissenschaftliche Belege für die Wirksamkeit können alternative Verfahren die konventionelle Behandlung sinnvoll ergänzen. Eine wichtige Voraussetzung ist, dass der Patient an die Heilkraft der jeweiligen Therapieform glaubt. Und dass er seinen Arzt darüber informiert, wenn er zusätzliche Präparate einnimmt. Denn auch pflanzliche Arzneimittel haben Nebenwirkungen.

„Sport tut mir richtig gut"

Gut belegt bei Depressionen ist der Effekt von körperlichem Training. So meldet etwa die „Medical Tribune": Drei- bis viermal pro Woche jeweils 30 bis 60 Minuten trainieren – und man erzielt bei leichten bis mittelschweren Depressionen ähnliche Erfolge wie mit einer medikamentösen Therapie.

Das weiß auch Annette. Jahrelang hatte die 38-Jährige mit massiven Rückenschmerzen, Blockaden der Muskulatur und anderen körperlichen Beschwerden zu kämpfen. Erst eine Freundin brachte sie auf die Idee, mal hinter die Fassade zu schauen, zu überlegen, was der Körper eigentlich durch die Symptome sagen will. Ein Psychotherapeut diagnostizierte eindeutig: Depressionen. Annette möchte Antidepressiva, aber der Arzt ist der Meinung: „Das schaffen Sie auch so." Und sie schafft es. Die Mutter von zwei Töchtern geht regelmäßig zur Gesprächstherapie und macht verstärkt Sport: „Dreimal in der Woche walken oder joggen, außerdem immer wieder Krafttraining. Das tut meinem Körper und meiner Seele einfach richtig gut." In der Zwischenzeit hat sie sich sogar selbst als Walking-Lehrerin ausbilden lassen. Und kann sich auf diese Weise noch ein bisschen Taschengeld verdienen. Ihre Ehe hat die Krise nämlich nicht überlebt. Wobei Annette sich heute noch fragt, ob die Rückenschmerzen nicht auch ein Signal dafür waren, in ihrer eingefahrenen Partnerschaft etwas zu ändern. „Mein Mann war zwar bereit, an unserer Situation zu arbeiten. Aber wir haben den Weg zueinander nicht mehr gefunden. So haben wir uns nach reiflicher Überlegung getrennt." Heute hilft Annette die sportliche Betätigung, depressive Verstimmungen besser wegzustecken. Das wiederum stärkt ihr Selbstvertrauen.

Streicheleinheiten: aromatische Öle

Ob Dampfbad, Riechsalz, Badezusatz oder Massageöl: Die öligen Essenzen wie Rose, Lavendel oder Kampfer sind hochkonzentriert und dürfen daher nicht in die Augen, auf die Schleimhaut oder die Haut kommen. Verdünnt können sie auch inhaliert werden. Entweder einige Tropfen der Essenz auf eine Kompresse geben, verdünnte Öle auf einer Öllampe erhitzen oder einige Tropfen als Riechsalz auf ein Taschentuch träufeln und inhalieren. Für ein Dampfbad drei

Tropfen Öl in ein Gefäß mit dampfendem Wasser geben, den Kopf mit einem Tuch abdecken und tief einatmen. Für die Hautpflege und gegen Verspannungen: einige Tropfen des Aromaöls in die warme Wanne und 15 Minuten darin entspannen. Als Massageöl muss die Essenz stark verdünnt werden: etwa 20 Tropfen auf 10 Milliliter Öl.

Das hilft bei Beschwerden:
starke Menstruationsbeschwerden: Zypresse, Geranium, Rose
trockene Haut: Avocado, Weizenkeim
Muskel- und Gelenkschmerzen: Wacholder, Lavendel, Rosmarin
Kopfschmerzen: Lavendel, Pfefferminze
Müdigkeit: Basilikum
Schlaflosigkeit: Kampfer, Lavendel
Niedergeschlagenheit: Muskatellersalbei, Rose

Tipps für einen erholsamen Schlaf

Nicht selten steckt hinter Schlafstörungen eine Depression. Die Frage „Schlafen Sie schlechter als früher?“ kann für Arzt und Patient Türöffner für ein Gespräch sein, um Beschwerden auf die Spur zu kommen.

Viele Faktoren wie Lebensgewohnheiten und gesunde Schlafumgebung haben Einfluss auf die Schlafqualität: Oft helfen schon kleine Veränderungen, um wieder besser zu schlafen. Das Schlafzimmer sollte ein ruhiger, trockener Raum sein, der abgedunkelt werden kann. Ideal ist eine Raumtemperatur von 18 Grad Celcius. Zum Lüften am besten morgens nach dem Aufstehen und abends vor dem Insbettgehen etwa zehn Minuten die Fenster ganz öffnen. Abends nicht zu viel essen und keinen Alkohol trinken – zwei Maßnahmen, die Erfolg beim Ein- und Durchschlafen versprechen. Anregende Getränke mit Koffein wie Kaffee, Cola oder Tee am besten schon ab dem Nachmittag meiden. Schlafmediziner raten auch, den Tag in Ruhe ausklingen zu lassen, empfehlenswert sind eine halbe oder ganze Stunde vor dem Schlafengehen. Wohltuend sind auch persönliche Einschlafrituale wie ein Entspannungsbad, ein Glas warme Milch oder beruhigende Musik. Oft sind Schlafprobleme auf zu wenig Bewegung zurückzuführen. Experten raten, zwei- bis viermal pro Woche 30 bis 45 Minuten Training. Hilfreich bei Stress sind Entspannungsübungen wie autogenes Training, Meditation, Yoga, progressive Muskelentspannung nach Jacobson, Tai-Chi oder Atemübungen. Wenn es gar nicht klappt: Raus aus dem Bett und Musik hören oder ein Buch lesen, statt sich schlaflos herumzuwälzen und zu quälen. Wer Probleme mit dem Einschlafen hat, sollte sich tagsüber kein Nickerchen gönnen und auch nur zum Schlafen ins Bett gehen. Fernseher und Bücher sind tabu, im Bett soll sich der Körper auf Entspannung einstellen.

Vorsicht bei Johanniskraut und Kava-Kava

Bewährt hat sich Johanniskraut (Hypericum perforatum) bei leichteren bis mittelschweren Depressionen, allerdings nur bei einer Menge ab 500 Milligramm täglich. Die enormen Qualitätsunterschiede zwischen den Produkten sind vielen oft leider nicht bewusst. Frei verkäufliche Produkte in Drogerien und Supermärkten enthalten in der Regel geringere Dosen, für die noch kein Effekt nachgewiesen werden konnte. Ergebnis eines Tests der Zeitschrift „Ökotest“ im Oktober 2003: 17 von 18 frei verkäuflichen Produkten waren ungenügend, eines erhielt die Bewertung „mangelhaft“. In allen ist der wichtigste Wirkstoff Hyperforin – und auch andere Wirkstoffe – in geringerer Konzentration als in den apothekenpflichtigen Mitteln enthalten.

In neueren Studien wurde außerdem festgestellt, dass Wechselwirkungen mit anderen Medikamenten bestehen, die im Beipackzettel längst nicht alle genannt werden. Vorsicht ist beispielsweise geboten, wenn gleichzeitig Antidepressiva eingenommen werden, bei Mitteln zur Verhütung von Blutgerinnseln und bei bestimmten Herzmedikamenten. Auch Frauen, die die

Antibabypille nehmen, sollten aufpassen. Es wird berichtet, dass die Wirksamkeit der Verhütung nachlässt. Die Liste der möglichen Nebenwirkungen scheint immer länger zu werden: Kopfschmerzen, Müdigkeit, Unruhe, Schwindel, Zittern, allergische Reaktionen, Appetitverlust und Durchfall werden beobachtet. Das Bundesgesundheitsministerium plant daher, alle Johanniskraut-Präparate der Apothekenpflicht zu unterstellen. Fazit: Johanniskraut sollte, bis weitere Studien vorliegen, nur bei leichten Depressionen eingesetzt und nicht mit Antidepressiva kombiniert werden.

Kava-Kava, auch Rauchpfeffer (Piperis methystici rhizoma) genannt, ist ebenfalls mit Vorsicht zu genießen. Für Kava-Kava-Präparate wurden im Juni 2002 vom Bundesinstitut für Arzneimittel und Medizinprodukte (BfArM) die Zulassungen widerrufen. Belegt sind 24 Berichte über teilweise sehr schwere und auch tödliche Leberschäden, schwere Hautreaktionen und Störungen des zentralen Nervensystems.

Vier Heilpflanzen, die gut tun, sind hingegen: Der Hopfenzapfen (Lupuli strobulus), der leicht stimmungsaufhellend und beruhigend wirkt, Melisse (Melissae folium) und Passionsblume (Passiflora herba), die dämpfen und beruhigen. Baldrian (Valerianae radix) wirkt beruhigend, schlaffördernd und ausgleichend.

B-Vitamine: Futter fürs Nervenkostüm

Wer regelmäßig ausreichend Fisch, Leber, Milch, Schweinefleisch, Eier und Brokkoli isst, gönnt sich etwas richtig Gutes. Diese Lebensmittel enthalten nämlich jede Menge B-Vitamine. Sie werden auch Nervenvitamine genannt, denn sie spielen eine entscheidende Rolle für unser seelisches Gleichgewicht. Beschwerden wie Müdigkeit, Konzentrationsschwäche, Lustlosigkeit, Ängste und Missstimmungen können mit B-Vitaminen gemildert werden. Auch B-12-Vitamine wirken sich günstig auf Angst, Müdigkeit und depressive Verstimmungen aus.

B-1-Vitamin(Thiamin): in Vollkornprodukten wie Brot, Wildreis, Vollkornnudeln und in Haferflocken und Schweinefleisch.
B-3-Vitamin (Niacin): in Fisch, Meeresfrüchten, Vollkornprodukten, Kartoffeln, Champignons und Erdnüssen.
B-6-Vitamin (Pyridoxin): in Fisch und Hülsenfrüchten, Bananen und Milchprodukten.
B-9-Vitamin (Folsäure): in Leber, Eigelb, Trockenhefe und Haferflocken.
B-12-Vitamin (Cyanocobalamine): in Fisch, Geflügel, Eiern und Milch.

Folsäure: wichtig für den Stoffwechsel

Folsäure gehört zu den B-Vitaminen und ist an der Bildung der wichtigen Botenstoffe Serotonin und Noradrenalin beteiligt. Ein Mangel an Folsäure begünstigt die Entstehung von Depressionen, meldet das „Magazine of General Psychiatry", Reizbarkeit und Konzentrationsstörungen ebenso. Folsäure ist in grünem Blattgemüse, in Nüssen, Erbsen, Bohnen, in Leber und Nieren enthalten.

Mineralstoffe, die vor allem bei Beschwerden in den Wechseljahren helfen:
Kalzium: in Milch und Milchprodukten, dunkelgrünem Blattgemüse, Zitrusfrüchten, getrockneten Bohnen und Erbsen
Magnesium: in grünem Blattgemüse, Nüssen, Sojabohnen, Vollkornprodukten
Kalium: in Orangensaft, Bananen, Trockenfrüchten, Erdnussbutter, Fleisch
Zink: in Fleisch, Leber, Geflügel und Meeresfrüchten
Jod: in Meeresfrüchten, Fisch und Seetang
Chrom: in Fleisch, Käse, Vollkornprodukten und Brot
Selen: in Meeresfrüchten, Fleisch, Vollkornprodukten
Mangan: in Nüssen, Früchten, Gemüse und Vollkornprodukten
Bioflavonoide: in allen Zitrusfrüchten

Phytopharmaka: pflanzliche Hilfe

Ob als Tee, Tinktur, für eine Kompresse oder einen Umschlag, frisch oder getrocknet: Heilkräuter und Heilpflanzen wirken seit Jahrtausenden bei unterschiedlichsten Beschwerden. Substanzen bestimmter Pflanzen haben ähnliche Effekte wie chemisch hergestellte Hormone – mit dem Vorteil, dass kaum Nebenwirkungen auftreten. Die Frauenärztin kann feststellen, ob ein behandlungsbedürftiger Hormonmangel besteht. In vielen Fällen reichen aber pflanzliche Heilmittel, so genannte Phytopharmaka aus, um etwa die Zeit der hormonellen Umstellung in den Wechseljahren zu erleichtern. Bis zu drei Wochen muss man allerdings warten, bis Phytopharmaka wie Granatapfel, Wanzenkraut, Traubensilberkerze, Mönchspfeffer, Schlangenkraut, Türkischer Rhabarber, Große Brennnessel oder Melisse Wirkung zeigen.

Bei krampfartigen Bauchschmerzen während der Periode ist meist ein Mangel an Gelbkörperhormonen (Gestagene) schuld. Frauenmantel (Alchemilla vulgaris)-Tee hilft: In der zweiten Zyklushälfte täglich einen halben Liter aus fünf bis sechs gehäuften Teelöffeln des getrockneten Krauts trinken. Diese Rosenpflanze wirkt stark ausgleichend, schützt die Gefäße und löst Krämpfe bei starken Blutungen.

Gegen Hitzewallungen helfen Tees von Weißdorn, Hirtentäschel, Salbei, Hopfen, Basilikum, Thymian, Schafgarbe oder eine Mischung aus Frauenmantel, Zinnkraut und Salbei. Tees von Melisse und Johanniskraut können Schlafstörungen und Stimmungstiefs lindern. Empfohlen wird: 1 gehäufter Teelöffel pro Tasse 20 Minuten ziehen lassen, 3-mal täglich eine Tasse trinken, insgesamt vier bis fünf Wochen. Dann ein bis zwei Wochen Pause machen und wiederholen oder eine andere Pflanze aussuchen. Wer verschiedene Pflanzen mischen möchte, sollte jeweils drei Pflanzen zu gleichen Teilen nehmen.

Keine Straße ist lang
mit einem Freund an der Seite

Sprichwort

Angehörige und Freunde: Begleitung ist wichtig

In Krisensituationen sind die Betroffenen besonders auf ihr soziales Umfeld angewiesen. Wer an einer Depression erkrankt, kann keine weiter reichenden Entscheidungen treffen und sollte das auch unter allen Umständen vermeiden. Denn die Wahrnehmung der Realität ist durch die Krankheit verzerrt, alles scheint düster, dunkel, hoffnungslos und ohne Perspektive. Dabei kann die Welt in ein paar Wochen schon wieder ganz anders aussehen.

Oft müssen Angehörige oder Freunde die Initiative ergreifen und einen Arzttermin für den Betroffenen vereinbaren. In den meisten Fällen ist es ratsam, wenn ein vertrauter Mensch beim Gespräch dabei ist. Seine Hinweise können unter Umständen hilfreich sein, um eine Diagnose zu stellen. Der Arzt muss außerdem wissen, welche weiteren Medikamente der Patient einnimmt, damit er über mögliche Nebenwirkungen aufklären kann.

Tipps für Angehörige

- **Sich über die Erkrankung informieren**
  In zahlreichen Büchern, im Internet und beim Arzt kann man sich über die Krankheit Depression informieren. Eine gute Anlaufstelle: das Kompetenznetz Depression, Suizidalität, das umfangreiche Infos ins Netz gestellt hat unter www.kompetenznetz-depression.de. Es ist wichtig, dass die Angehörigen die Krankheit akzeptieren: Zeigen Sie also Verständnis für den Betroffenen. Er „stellt sich nicht an“ und kann sich

folglich auch nicht zusammenreißen. Machen Sie deutlich, dass nichts bleibt, wie es ist. Und dass es wieder besser wird. So einfach sich das anhört: Es tut dem Betroffenen wirklich gut.

- **Geduld und Hoffnung zeigen**
  Die Weltgesundheitsorganisation (WHO) vergleicht die Depression mit Blindheit oder Querschnittslähmung. Das führt eindrucksvoll vor Augen, wie schwer diese Krankheit ist. Auch bei starken Zahnschmerzen oder Bluthochdruck helfen gut gemeinte Ratschläge nicht. Aber: Machen Sie dem Betroffenen Mut. Denn Depressionen können erfolgreich behandelt werden. Auch wenn das manchmal eine Zeit lang dauern kann. Antidepressiva wirken in der Regel nach vier Wochen.

- **Hilfe in Anspruch nehmen**
  Ob Hausarzt, Psychiater oder Freunde: Sie brauchen Unterstützung – sowohl in der Betreuung des Patienten als auch für sich selbst. In den meisten Fällen können Angehörige und Betroffene die Krankheit nicht allein in den Griff bekommen. Eine Depression und ihre Begleiterscheinungen sind nicht mit Willensstärke zu überwinden. Benachrichtigen Sie den behandelnden Arzt auch, wenn der Betroffene Selbstmordgedanken äußert.

- **Überfordern Sie sich nicht!**
  Sie brauchen Freiräume für Ihr eigenes Leben. Das ist keineswegs egoistisch. Denn Sie müssen ja irgendwo Energie tanken können, um wieder für neue Aufgaben gewappnet zu sein. Planen Sie Auszeiten für Körper und Seele: Oft tut es gut, sich mal im Kino abzulenken, einen langen Spaziergang zu machen. Gespräche in einer Selbsthilfegruppe sind für manche Angehörige ebenfalls sehr hilfreich. Erkennen Sie die Grenzen Ihrer eigenen Belastbarkeit. Vielleicht erleichtert es Sie, wenn Sie bei einer Freundin Ihr Herz ausschütten und auch einmal weinen können. Schließlich müssen auch Sie diese Krankheit verarbeiten.

Teil III: Noch mehr Tipps für Betroffene und Angehörige

Service: Hier finden Sie Unterstützung

(Die folgenden Serviceangaben sind nach bestem Wissen zusammengestellt. Dennoch kann keine Garantie für die Richtigkeit und Aktualität übernommen werden. In unserer schnelllebigen Zeit kommen beinahe täglich neue Websites hinzu, alte werden gelöscht.)

Akute Krise: Reden erleichtert

Die Telefonseelsorge können Sie gebührenfrei rund um die Uhr anrufen:

- anonym
- vertraulich
- kompetent
- sicher
- datenschutzfreundlich

Tel. 0800-111 0 111 oder 0800-111 0 222

Die Telefonseelsorge bietet neben Gesprächen am Telefon auch Beratung und Seelsorge per Mail und Chat an. Hier finden Sie Rat, Hilfe und Begleitung für Ihre Seele. Wenn Sie sich per Mail an die Telefonseelsorge wenden, haben Sie nach ca. 48 Stunden Ihre Antwort, die Sie in Ihrem persönlichen „Mail-Account" auf dem gesicherten Server der Telefonseelsorge abholen können. Falls Sie per Chat mit der Telefonseelsorge in Kontakt treten möchten, können Sie einen Chattermin vereinbaren:

E-Mail: **beratung@telefonseelsorge.de** (auch auf Englisch und Russisch)
Internet: **www.telefonseelsorge.de**

In jeder Stadt finden Sie Unterstützung bei psychologischen Beratungsstellen und solchen für Ehe-, Familien- und Lebensfragen, über den ärztlichen Notdienst und die Ambulanzen der Krankenhäuser.

Hilfe und Beratung gibt es auch hier: (Anschriften jeweils im örtlichen Telefonbuch oder bei der Telefonauskunft)

- evangelische und katholische Kirche
- Sozialdienst der psychiatrischen Kliniken
- Verband der freien Wohlfahrtspflege (Arbeiterwohlfahrt, Arbeiter-Samariter-Bund, Deutscher Caritasverband, Deutscher Paritätischer Wohlfahrtsverband, Deutsches Rotes Kreuz, Diakonisches Werk der Evangelischen Kirche)
- Krankenkasse
- Familienberatungsstelle
- Ambulanzen der psychiatrischen Polikliniken aller Universitäten

Ganz klassisch per Post können Sie sich wenden an die:
Evangelische Briefseelsorge
Postfach 10 11 42
70010 Stuttgart

Selbsthilfegruppen und Angehörige

Nationale Kontakt- und Informationsstelle zur Anregung und Unterstützung von Selbsthilfegruppen (NAKOS)
Albrecht-Achilles-Str. 65
10709 Berlin
Tel. 030-8 91 40 19
Fax 030-8 93 40 14
E-Mail: **selbsthilfe@nakos.de**
Internet: **www.nakos.de**

Die Nationale Kontakt- und Informationsstelle zur Anregung und Unterstützung von Selbsthilfegruppen (NAKOS) in Berlin arbeitet zentral für Deutschland zum Thema Selbsthilfe. Interessenten erhalten hier allgemeine Informationen über Selbsthilfegruppen (nicht nur speziell über Selbsthilfegruppen psychisch Kranker oder ihrer Angehörigen). Für Infomaterial einen mit 1,53 Euro frankierten, adressierten Rückumschlag (DIN A4) an genannte Adresse senden. Im Internet gibt's – neben vielen anderen Infos und Materialien – auch das Selbsthilfegruppen-Jahrbuch als pdf-Datei zum Download.

Bundesverband der Angehörigen psychisch Kranker e.V.
Thomas-Mann-Str. 49a
53111 Bonn
Sprechstunden der Geschäftsstelle:
Montag bis Freitag 9.00 – 13.00 Uhr
Tel. 0228-632646
Fax 0228-658063
Internet: **www.bapk.de**

Beratung für Angehörige und Betroffene: Der Bundesverband der Angehörigen psychisch Kranker e.V. bietet **telefonische Selbsthilfeberatung** an: montags, dienstags und donnerstags von 15.00 bis 19.00 Uhr unter **Tel. 0180-5950951** (30 ct/min.) oder Tel. **0228-632646**
E-Mail: **beratung.bapk@psychiatrie.de**

Stationäre Mutter-Kind-Behandlung

Psychiatrisches Zentrum Nordbaden
Akademisches Lehrkrankenhaus der Universität Heidelberg
Station 43
Heidelberger Straße 1a
69168 Wiesloch
Tel. 06222-552770
Fax 06222-551843
Internet: **www.mutter-kind-behandlung.de**

Zentrum für Soziale Psychiatrie ZSP
Bergstraße
Dr. med. Dipl.-Psych. H.-P. Hartmann
Ludwigstraße 54
64646 Heppenheim
Tel. 06252-16219
Fax 06252-16440
E-Mail: **dr.hartmann@zsp-bergstrasse.de**

Gynäkologische Psychosomatik
Zentrum für Geburtshilfe und Frauenheilkunde
Universitätsklinikum Bonn – Anstalt des öffentlichen Rechts
Leitung: Prof. Dr. Anke Rohde
Sigmund-Freud-Str. 25
53105 Bonn
Tel. 0228-2874737
Fax 0228-2874738
Internet: **www.femina.uni-bonn.de**
Fundierte Informationen unter anderem zu den Themen psychische Störungen nach der Entbindung, Fehl- oder Totgeburt und PMS.

Schatten und Licht –
Krise nach der Geburt
Sabine Surholt
Obere Weinbergstr. 3
86465 Welden
Tel. 08293–965864
Internet: **www.schatten-und-licht.de**

Die Selbsthilfeorganisation „Schatten und Licht" wurde 1996 als bundesweiter gemeinnütziger Verein von betroffenen Frauen gegründet. Schwerpunkte sind: postpartales Stimmungstief, postpartale Depression und postpartale Psychose.

Allgemeine Informationen, Hilfe bei der Therapeutensuche

Psychotherapie-Informations-Dienst
Oberer Lindweg 2
53129 Bonn
E-Mail: **wd-pid@t-online.de**
Internet: **www.psychotherapiesuche.de**

Vermittelt Anschriften und Telefonnummern der registrierten Therapeuten.
Beratungs-Tel. 02 28-74 66 99
Mo, Di, Do, Fr 9 bis 12 Uhr
Mo, Do 13 bis 16 Uhr
Fax 02 28-64 10 12

Marcé Gesellschaft
c/o Dr. Christiane Hornstein
Postfach 1420
69155 Wiesloch
E-Mail: **info@marce-gesellschaft.de**
Internet: **www.marce-gesellschaft.de**
Mit Verzeichnis von bundesweiten Mutter-Kind-Aufnahmestellen bei postpartalen psychischen Erkrankungen.

Die Marcé Gesellschaft wurde am 8.12.2000 als „Sektion der International Marcé Society for Psychiatric Disorders of Childbearing in den deutsprachigen Ländern“ gegründet. Ein Ziel ist die verstärkte Aufklärung über psychiatrische Erkrankungen im Zusammenhang mit Schwangerschaft und Mutterschaft.

Medikamentenberatung
in Schwangerschaft und Stillzeit
Institut für Reproduktionstoxikologie
Dr. med. Wolfgang E. Paulus
Elisabethenstr. 17
88212 Ravensburg
Tel. 0751-872799
Fax 0751-872798
E-Mail: **paulus@reprotox.de**
Internet: **www.reprotox.de**
Das Formular für Anfragen finden Sie auf Seite 179.

Kompetenznetz Depression, Suizidalität
Prof. Dr. Ulrich Hegerl
Nußbaumstr. 7
80336 München
Tel. 089-51605553
Fax 089-51605557
Internet: **www.kompetenznetz-depression.de**
Kompetente und informative Sites. Mit Wissensquiz, Selbsthilfegruppen, Adressen von Krisendiensten und weiterführenden Links.

Horizonte e.V.
Verein zur Förderung affektiv Erkrankter
c/o Bezirkskrankenhaus Haar
Postfach 1111
85529 Haar
E-Mail: **hotline@verein-horizonte.de**
Internet: **www.verein-horizonte.de**

Der Verein Horizonte hat bundesweit eine Beratungshotline für Betroffene mit depressiven Störungen und deren Angehörige eingerichtet. Ärzte, Sozialpädagogen und Psychologen bieten jeweils dienstags und donnerstags von 18 bis 20 Uhr (außer an Feiertagen) telefonisch Hilfe an unter **Tel. 0700-55228822.**

Anrufer können auch eine Nachricht auf dem Anrufbeantworter hinterlassen und werden dann zurückgerufen.

Newsletter für Angehörige
Die Online-Zeitschrift des Angehörigenverbandes Mecklenburg-Vorpommern gibt zweimal im Monat den „Lichtblick-Newsletter" per E-Mail mit Neuigkeiten aus Forschung, Therapie und Selbsthilfe heraus. Mehr dazu unter **www.lichtblick99.de**

Informationen im Internet

Der informierte Patient kann wesentlich zur richtigen Diagnose seiner Erkrankung beitragen. Und auch das Internet bietet umfangreiche Hilfen rund um das Thema Depression. Aber Achtung: Vorsicht ist angesagt. Viele Infos im Internet sind falsch. Einige Fachleute bezweifeln, dass Betroffene dort angemessene Hilfe finden. Denn der zwischenmenschliche Kontakt zum Arzt ist ein wesentlicher Aspekt für eine erfolgreiche Behandlung: Und der fehlt im Internet eben ganz. Positiv ist, dass man beim Surfen anonym bleiben und so seinen ganzen Kummer, seine Ängste und Befürchtungen äußern kann. Manche Menschen, die sonst sehr zurückgezogen sind und mit niemandem reden wollen, öffnen sich in dieser Umgebung für Gespräche mit Psychiatern und auch mit anderen Betroffenen. Sie machen außerdem die wichtige Erfahrung: Ich bin nicht allein. Es gibt viele Menschen, die ebenfalls Depressionen haben. Und es gibt Hilfe.

www.motherisk.org Englische Website mit Informationen über Psychopharmaka in der Schwangerschaft und beim Stillen.

www.psychiatrie-aktuell.de Mit Informationen zu Erkrankungen und Therapie. Arztsuche nach Postleitzahlgebieten plus Rubrik Rat und Hilfe.

www.postpartumdads.org Englische Website vor allem für Väter rund um das Thema postpartale Depressionen.

www.neuro24.de Umfangreicher Internet-Auftritt des Neurologen Dr. Karl Mayer, Heidelberg. In der Navigation (links): Infos zu psychischen Erkrankungen, Glossar, Adressen und vieles mehr.

www.depri.net Internet-Seiten von und für Menschen mit Depressionen.

www.chatseelsorge.de Online-Seelsorge und -Beratung von ehrenamtlich arbeitenden PastorInnen, DiakonInnen und ReligionspädagogInnen.

www.das-beratungsnetz.de Ob per Mail, einzeln oder in der Gruppe. Diese Plattform hat verschiedene Beratungsangebote – auch zum Thema Ängste und Depressionen.

www.kummernetz.de – auch mit den Endungen .at, .ch Diese Plattform will den Austausch von Betroffenen fördern. Leute mit Kummer oder solche, die zuhören oder helfen wollen, können per E-Mail oder im Zweierchat teilnehmen.

Weitere Adressen für die Krisenintervention

Postleitzahlen 0 . . .

- Telefon des Vertrauens, Postfach 100222, 01072 Dresden, Tel. 0351-8041616
- Kriseninterventionszentrum, Clausstr. 31, 09126 Chemnitz, Tel. 0371-538585, Fax 0371-5385164

Postleitzahlen 1 . . .

- Berliner Krisendienst, www.berliner-krisendienst.de Tel. 030-39063
- Frauenkrisentelefon, Naunynstr. 72, 10997 Berlin, Tel. 030-6154243, 6157596

Postleitzahlen 2 . . .

- Beratungs- und Seelsorgezentrum an der Hauptkirche St. Petri, Kreuslerstr. 6 – 8, 20095 Hamburg, Tel. 040-32 50 38 70, Fax 040-32 50 38 80 www.hauptkirchen.de (dann unter BSZ zu finden!)
- Beratungsstelle für Ehe-, Familien- und Lebensfragen, An der Alster 11, 20099 Hamburg, Tel. 040-24 65 24, Fax 040-2 80 45 61
- Psychosoziale Kontakt u. Beratungsstelle Lotse, Fährstr. 70, 21107 Hamburg, Tel. 040-75 66 01 75, Fax 040-75 66 01 76
- Beratungsstelle für Ehe-, Familien- und Lebensfragen, Augustastraße 2, 24534 Neumünster, Tel. 043 21-147 29, Fax 043 21-1 55 44
- Brücke Rendsburg Eckernförde e.V., Am Stadtsee 9, 24768 Rendsburg, Tel. 043 31-13 23 23, Fax 043 31-13 23 25
- Brücke Dithmarschen e.V., Neue Anlage 23–25, 25746 Heide, Tel. 0481-68 49 40, Fax 04 81-6 84 94 44
- Sozialpsychiatrischer Dienst Gesundheitsamt Bremen, Hornerstr. 60-70, 28203 Bremen, Tel. 04 21-3 61 62 47, Fax 04 21-3 61 55 54

Postleitzahlen 3 . . .

- Beratungsstelle Osterstraße (HAG), Osterstr. 57, 30159 Hannover, Tel. 05 11-36 36 58, Fax 05 11-32 51 58
- Psychosozialer-Psychiatrischer Krisendienst Hannover, Hildesheimer Str. 20, 30169 Hannover, Tel. 05 11-61 62 28 16
- Der Ring – Kontakt für Menschen in seelischen Notlagen und Angehörige e.V., Ilseder Str. 39, 31226 Peine, Tel. 051 71-5 21 21, Fax 051 71-5 12 11
- Psychosozialer – Psychiatrischer Krisendienst Herford, Borresstr. 1, 32045 Herford, Tel. 052 21-13 16 08
- Psychosozialer Krisendienst Kreis Gütersloh, 33334 Gütersloh, Tel. 052 41-53 13 00
- Psychosozialer Krisendienst, Nikolaus-Dürkopp-Str. 5-9, 33602 Bielefeld, Tel. 05 21-51 76 82, Fax 05 21-51 67 30

- Caritasverband für Stadt und Landkreis Fulda e. V. -Hilfe zum Weiterleben-, Wilhelmstraße 8, 36037 Fulda, Tel. 0661-87-651/-644
- Die Brücke (Arbeitsgemeinschaft für Bildung und Beratung e. V.), Löherstraße 37, 36037 Fulda, Tel. 0661-73023, Fax 0661-9013843
- Krisenberatung, Parkstr. 8a, 38102 Braunschweig, Tel. 0531-220110, Fax 0531-2201122
- Die Arche, Verein für psychosoziale Hilfen e.V., Kommißstr. 5, 38300 Wolfenbüttel, Tel. 05331-27849

Postleitzahlen 4 . . .

- Psychiatrisches und neurologisches Gesundheitsinstitut für Lebensberatung, Willi-Becker-Allee 10, 40227 Düsseldorf, Tel. 0211-8995391
- Kriseninterventionsdienst Wuppertal, Unterstraße 2, 42107 Wuppertal, Tel. 0202-2442838, Fax 0202-4598838
- Wendepunkt – Wuppertaler Krisendienst, Hofaue 49, 42103 Wuppertal, Tel. 0202-2442838, Fax 0202-4598838
- Krisenzentrum Dortmund Hörde, Virchowstr. 10, 44263 Dortmund, Tel. 0231-435077-78, Fax 0231-9430333, www.Krisenzentrum-Dortmund.de
- Oase, Selbsthilfe u. Kommunikation & Zentrum, Buscheyplatz 3, 44801 Bochum-Querenburg, Tel. 0234-700-2332
- Krisenhilfe Münster, Verein zur Suizidprophylaxe und Krisenbegleitung Münster e.V., Spiekerhof 44, 48143 Münster, Tel. 0251-519005, Fax 0251-519065, E-Mail: krisenh@muenster.org Internet: www.muenster.org-krisenhilfe

Postleitzahlen 5 . . .

- Sozialpsychiatrisches Zentrum Innenstadt Köln, Neumarkt 15-21, 50667 Köln, Tel. 0221-22122980
- Tecum e.V., Rizzastr. 14, 56068 Koblenz, Tel. 0261-309077, Fax 0261-12309

Postleitzahlen 6 . . .

- Psychosozialer Krisendienst c/o Bürgerhilfe Sozialpsychiatrie, Mörfelder Landstr. 44, 60598 Frankfurt, Tel. 069-611375
- Ehe-, Familien- und Lebensberatung, Diakonisches Werk in Hessen u. Nassau, Leonhardstr. 16, 61169 Friedberg-H., Tel. 06031-14959, Fax 06031-770779
- Psychosozialer Krisendienst Wiesbaden e.V. c/o Werkgemeinschaft Rehabilitation, Stettiner Str. 2, 65203 Wiesbaden, Tel. 0611-8472752
- Zentralinstitut für Seelische Gesundheit, J 5, 68159 Mannheim, Tel. 0621-17030, Fax 0621-23429, Internet: www.zi-mannheim.de

Postleitzahlen 7 . . .

- Psychologische Beratungsstelle, Brückenstraße 6, 72074 Tübingen, Tel. 07071-26073 od. 9299-0, Fax 07071-929927
- Kriseninterventionsdienst K.i.D. e.V., Kaiserallee 4, 76133 Karlsruhe, Tel. 0721-8303647, Fax 0721-8303647
- Kontakt-Kreis Leben Oberndorf, Aspenweg 25, 78727 Oberndorf-N., Tel. 07423-3604
- Arbeitskreis Leben Freiburg e. V., Hilfe in Lebenskrisen-Suizidprävention, Schwarzwaldstr. 24, 79102 Freiburg, Tel. 0761-33388, Internet: www.ak-leben.de

Postleitzahlen 8 . . .

- Caritas Beratungsstelle für psychische Gesundheit, Franz-und-Johann-Wallach-Str. 12, 83714 Miesbach, Tel. 08025-2806-30, Fax 08025-2806-76, E-Mail: Caritas-Zentrum-Miesbach@t-online.de
- Ehe-, Familien- und Lebensberatung, Jesuitenstr. 4, 85049 Ingolstadt, Tel. 0841-309111
- Kriseninterventionsstation 12E, Bezirkskrankenhaus Haar, Ringstr. 12, 85540 Haar, Tel. 089-45623400, Fax 089-4562 3171, E-Mail: BauerErhard@Krankenhaus-Haar.de, Internet: www.Krankenhaus-Haar.de

Postleitzahlen 9 . . .

- Krisendienst Horizont, Hemauerstraße 8, 93047 Regensburg, Tel. 0941-58181, Fax 0941-5859610
- Sozialpsychiatrischer Dienst, Beratungsstelle für seelische und soziale Gesundheit, Frankfurter Straße 10, 97082 Würzburg, Tel. 0931-413080, Fax 0931-43536
- Sozialpsychatrischer Dienst, Beratungsstelle für seelische und soziale Gesundheit, Großhafenstraße 10, 97199 Ochsenfürt, Tel. 09331-804235, Fax 09331-804237
- Sozialpsychiatrischer Dienst, Beratungsstelle für seelische und soziale Gesundheit, Königsplatz 5, 97318 Kitzingen, Tel. und Fax 09321-22710

Krisenintervention in Österreich (ausgewählte Adressen)

- Telefonseelsorge Österreich: Tel: Vorwahl/142

Angebot: rund um die Uhr, kostenfrei, auf Wunsch anonym

- Psychosozialer Dienst Burgenland, Burgenland, Tel. 021-20086
- Psychiatrischer Not- und Krisendienst, Pro Mente, Kärnten, Tel. 0664-3007007 oder Tel. 0463-538 23000
- Telefonischer Krisendienst Niederösterreich, Tel. 0800-202016
- Telefonischer Notruf Oberösterreich, Tel. 0732-2177
- Ambulante Krisenintervention der Pro Mente Salzburg mit 24-Stunden Krisen-Hotline, Tel. 0662-433351
- Suizidprävention Salzburg: www.lebens-klick.info
- Psychosozialer Dienst Feldbach, Tel. 0315-25887
- Kriseninterventionsteam Vorarlberg, Tel. 05577-86122, mobil +43664 6255496
- Kriseninterventionszentrum Wien, Tel. 01-4069595-0

Krisenintervention in der deutschsprachigen Schweiz (ausgewählte Adressen)

- Telefonseelsorge Schweiz: Tel: Vorwahl/143
- Angebot: rund um die Uhr, kostenfrei, auf Wunsch anonym
- Ärztenotruf „Aerztefon“, Tel. 01 269 69 69
- Psychiatrische Poliklinik Universitätsspital Zürich Culmannstr. 8, 8091 Zürich, Tel. 01 255 52 80, Fax 01 255 44 08, www.psy.unizh.ch
- Kriseninterventionszentrum KIZ der Psychiatrischen Universitätsklinik Zürich, Militärstrasse 8, 8004 Zürich, Tel. 01 296-73 10, Fax 01 296-73 19
- Ärztenotruf der Stadt Bern, Tel. 0900 57 67 47
- Kriseninterventionszentrum KIZ der Universitären Psychiatrischen Dienste (UPD), Murtenstrasse 21, 3010 Bern, Tel. 031-632 46 11
- Ärztenotruf Basel, Tel. 061 261 15 15
- Kriseninterventionsstation im Kantonsspital Basel, Petersgraben 4, 4031 Basel, Tel. 061 265 25 25

Die Adressen zur Krisenintervention wurden zur Verfügung gestellt von:
Dr. phil. Wolfram Dorrmann
Institut für Verhaltenstherapie, Verhaltensmedizin und Sexuologie (IVS)
Nürnberger Str. 22
90762 Fürth
Tel. 09 11-787 27 27
Fax 09 11-787 27 29
E-Mail: **wolfram.dorrmann@ivs-nuernberg.de**
Internet: **www.krisen-intervention.de**

Anhang

Institut für Reproduktionstoxikologie
Medikamentenberatung in Schwangerschaft und Stillzeit
Oberschwabenklinik, KH St. Elisabeth, Elisabethenstr. 17
88212 Ravensburg
Akademisches Lehrkrankenhaus der Universität Ulm
Leitung: Dr. med. W. Paulus
Fax: 0751 8727-98

Formular für neue Anfragen

Code-Nr.: ________/________
Datum: ____________________

Fragesteller/in (Stempel)
Name:
Klinik:
Straße:
PLZ, Wohnort:
Status: ☐ Arzt/Ärztin für:
☐ Patientin

Benachrichtigung:
Tel.:
Fax:
E-Mail:
zu erreichen
von_____ bis _____(Uhrzeit)

Patientin
Name (evtl. Nr.): geb.
Anzahl früherer Schwangerschaften: Geburten: Fehlgeburten:
Letzte Regel: Zyklus regelmäßig? ___ (Tage)
Schwangerschaftsalter nach Ultraschall:
entspricht Schwangerschaftswoche ___ (vollendete Wochen) + ___ (Tage)
Schwangerschaft erwünscht: ☐ ja ☐ nein ☐indifferent ☐ unbekannt
Errechneter Entbindungstermin: ☐ Patientin stillt
Krankengeschichte (Erbkrankheiten, Fehlbildungen, chronische Erkrankungen bei Patientin/Familie):

Medikamente

Handelsname/ Wirkstoff	Anwendung von . . . bis . . . (Datum!)	Tagesdosis	Grund der Anwendung

Fragestellung:

Weitere Informationen finden Sie auf unserer Homepage unter http://www.reprotox.de.

Zyklustagebuch

Anleitung:

Tragen Sie täglich im Zyklustagebuch ein, wie Sie sich fühlen.

Kalendertag

	1	2	3	4	5	6	7	8	9	10	11	12	13	14	15	16	17	18	19	20	21	22	23	24	25	26	27	28	29	30	31
Januar																															
Februar																															
März																															
April																															
Mai																															
Juni																															
Juli																															
August																															
September																															
Oktober																															
November																															
Dezember																															

Anmerkungen

Volkskrankheit Depression

[1] R. Peveler u.a.: ABC of psychological medicine. Depression in medical patients. BMJ 325 (2002) 149-152.

[2] Alexa Franke, Annette Kämmerer (Hrsg.): Klinische Psychologie der Frau. Ein Lehrbuch. Hogrefe Verlag 2001.

[3] F. Jacobi u.a.: Prävalenz, Erkennens- und Verschreibungsverhalten bei depressiven Syndromen. Eine bundesdeutsche Hausarztstudie. Der Nervenarzt 7 (2002) 651–658.

[4] Bruce Arroll u.a.: Screening for depression in primary care with two verbally asked questions: cross sectional study. BMJ 327 (2003) 1144.

Geschlechtsunterschiede

[1] Bundeskoordination Frauengesundheit (BKF): Frauen Leben Gesundheit. August 2003.

[2] U. Kuhnle, W. Krahl: Geschlechtsentwicklung zwischen Genen und Hormonen. Worin liegt der Unterschied zwischen Mädchen und Jungen, Männern und Frauen? Monatsschrift Kinderheilkunde 151 (2003) 586–593.

[3] Simon Baron-Cohen: Vom ersten Tag an anders. Das weibliche und das männliche Gehirn. Patmos Verlag 2004.

[4] Gerhard Roth: Fühlen, Denken, Handeln. Wie das Gehirn unser Verhalten steuert. Suhrkamp Verlag 2004.

[5] U. Kuhnle, W. Krahl: Geschlechtsentwicklung zwischen Genen und Hormonen, a.a.O.

[6] Bundeskoordination Frauengesundheit (BKF): Frauen Leben Gesundheit. August 2003.

[7] ebda.

[8] Alexa Franke, Annette Kämmerer (Hrsg.): Klinische Psychologie der Frau. Hogrefe Verlag 2001.

[9] Cécile Ernst: Geschlechtsunterschiede bei psychischen Erkrankungen. Die bessere und die schlechtere Hälfte? Geschlechtsunterschiede in der Prävalenz psychischer Krankheiten aus epidemiologischer Sicht. In: Anita Riecher-Rössler, Anke Rohde (Hrsg.): Psychische Erkrankungen bei Frauen. Für eine geschlechtersensible Psychiatrie und Psychotherapie. Karger 2001, S. 55.

[10] Rolf Wahl: Kurzpsychotherapie bei Depressionen. Interpersonelle Psychotherapie und kognitive Therapie im Vergleich. Westdeutscher Verlag 1994.

[11] ebda, S. 58.

Schwangerschaft

[1] Friederun Gröhe: Nehmt es weg von mir. Depressionen nach der Geburt eines Kindes. Vandenhoeck & Ruprecht 2003 S. 14 ff.

2 Hans-Peter Kapfhammer, Ingeborg Meller: Psychopharmaka-Therapie in Schwangerschaft und Stillzeit. In: Anita Riecher-Rössler, Anke Rohde: Psychische Erkrankungen bei Frauen. Für eine geschlechtersensible Psychiatrie und Psychotherapie. Karger 2001, S. 184.
3 Anke Rohde: Psychiatrische Erkrankungen in der Schwangerschaft und im Wochenbett. Der Gynäkologe 34 (2001) 315–323.
4 Hans-Peter Kapfhammer, Ingeborg Meller: Psychopharmaka-Therapie in Schwangerschaft und Stillzeit. a.a.O., S. 194.
5 ebda., S. 197.
6 ebda., S. 194.

Mythos der glücklichen Geburt

1 Anton Bergant: Subjektive und objektive Geburtsbelastung. In: Anita Riecher-Rössler, Anke Rohde: Psychische Erkrankungen bei Frauen. Für eine geschlechtersensible Psychiatrie und Psychotherapie. Karger 2001, S. 28 ff.
2 Anke Rohde: Psychiatrische Erkrankungen in der Schwangerschaft und im Wochenbett. Der Gynäkologe 34 (2001) 315–323.
3 Almut Pantler, Anke Rohde: Psychische Auswirkungen traumatisch erlebter Entbindungen. Zentralblatt für Gynäkologie 123 (2001) 42–47.
4 Anton Bergant: Subjektive und objektive Geburtsbelastung, a.a.O.

Nachwuchs ist da

1 Friederun Gröhe: Nehmt es weg von mir. Depressionen nach der Geburt eines Kindes. Vandenhoeck & Ruprecht 2003, S. 23.

Baby Blues

1 Friederun Gröhe: Nehmt es weg von mir. Depressionen nach der Geburt eines Kindes. Vandenhoeck & Ruprecht 2003, S. 42.
2 Stiftung Warentest: Depressionen überwinden. Ein Ratgeber für Betroffene, Angehörige und Helfer. 2003.

Postpartale Depression

1 Oft wird für die Erkrankung auch die Bezeichnung postnatal (= nach der Geburt) verwendet. Da aber die Mutter betroffen ist und nicht das Kind, ist postpartal zutreffender.
2 Katharina Dalton: Wochenbettdepressionen. Hans Huber 2003.
3 C.-L. von Ballestrem u.a.: Ein Modell für das Screening von Müttern mit postpartaler Depression. Nervenheilkunde 6 (2001) 352-356.
4 Gerhard Roth: Fühlen. Denken. Handeln. Wie das Gehirn unser Verhalten steuert. Suhrkamp Verlag 2004.
5 Simon Baron-Cohen: Vom ersten Tag an anders. Das weibliche und das männliche Gehirn. Patmos Verlag 2004.
6 C.-L. von Ballestrem u.a.: Ein Modell für das Screening von Müttern mit postpartaler Depression, a.a.O.

7 David A. Kahn u.a.: Postpartum Depression: A Guide for Patients and Families. Postgraduate Medicine Special Report. March 2001.
8 Anke Rohde: Psychiatrische Erkrankungen in der Schwangerschaft und im Wochenbett. Der Gynäkologe 34 (2001) 315–323.
9 C.-L. von Ballestrem u.a.: Ein Modell für das Screening von Müttern mit postpartaler Depression, a.a.O.
10 Anke Rohde: Depressionen, Ängste und andere psychische Probleme rund um die Geburt des Kindes. Ein Ratgeber für Betroffene, Angehörige und das soziale Umfeld. Kohlhammer 2004.
11 Elisabeth Geisel: Tränen nach der Geburt. Wie depressive Stimmungen bewältigt werden können. Kösel 1997.
12 C.-L. von Ballestrem u.a.: Ein Modell für das Screening von Müttern mit postpartaler Depression, a.a.O.
13 Petra Nispel: Mutterglück und Tränen. Das seelische Tief nach der Geburt überwinden. Herder, überarb. Neuausgabe 2001 (vergriffen).
14 Anke Rohde: Depressionen, Ängste und andere psychische Probleme rund um die Geburt des Kindes, a.a.O.
15 Elisabeth Geisel: Tränen nach der Geburt, a.a.O.
16 Katharina Dalton: Wochenbettdepressionen, a.a.O.
17 Elisabeth Geisel: Tränen nach der Geburt, a.a.O.
18 C.-L. von Ballestrem u.a.: Ein Modell für das Screening von Müttern mit postpartaler Depression, a.a.O.
19 Andrew Solomon: Saturns Schatten. Die dunklen Welten der Depression. Fischer 2002.
20 Bundeskoordination Frauengesundheit (BKF): Frauen Leben Gesundheit. August 2003.
21 Elisabeth Geisel: Tränen nach der Geburt, a.a.O.
22 ebda.
23 David A. Kahn u.a.: Postpartum Depression, a.a.O.
24 Anke Rohde: Depressionen, Ängste und andere psychische Probleme rund um die Geburt des Kindes, a.a.O.
25 M. Hofecker-Fallahpour u.a.: Gruppentherapie bei Depression in der frühen Mutterschaft. Erste Ergebnisse einer Pilotstudie. Nervenarzt (2003) 767–774.
26 Gerhard Roth: Fühlen. Denken. Handeln, a.a.O.
27 Pascale Gmür: MutterSeelenAllein. Erschöpfung und Depression bei jungen Müttern. Atlantis Verlag pro juventute, überarb. Neuauflage 2000.
28 Friederun Gröhe: Nehmt es weg von mir. Depressionen nach der Geburt eines Kindes. Vandenhoeck & Ruprecht 2003.
29 Katharina Dalton: Wochenbettdepressionen, a.a.O.
30 Anke Rohde: Depressionen, Ängste und andere psychische Probleme rund um die Geburt des Kindes, a.a.O.

Posttraumatische Belastungsstörung

1 Rose Ausländer: Mein Kind I, aus: Rose Ausländer, Gesammelte Werke in sieben Bänden, Band 5. Ich höre das Herz des Oleanders. Gedichte 1977–1979. © S. Fischer Verlag GmbH, Frankfurt am Main, 1984.

2 Anke Rohde: Psychiatrische Erkrankungen in der Schwangerschaft und im Wochenbett. Der Gynäkologe 34 (2001). 315–323.

3 Anita Riecher-Rössler, Anke Rohde: Psychische Erkrankungen bei Frauen. Für eine geschlechtersensible Psychiatrie und Psychotherapie. Karger 2001, S. 304.

4 Almut Pantlen, Anke Rohde: Psychische Auswirkungen traumatisch erlebter Entbindungen. Zentralblatt für Gynäkologie 123 (2001). 42–47.

Postpartale Psychose

1 Anke Rohde: Psychiatrische Erkrankungen in der Schwangerschaft und im Wochenbett. Der Gynäkologe 34 (2001) 315–323.

2 Petra Nispel: Mutterglück und Tränen. Das seelische Tief nach der Geburt überwinden. Herder, überarb. Neuausgabe 2001 (vergriffen), S. 54.

3 Friederun Gröhe: Nehmt es weg von mir. Depressionen nach der Geburt eines Kindes. Vandenhoeck & Ruprecht 2003, S. 45.

Prämenstruelles Syndrom

1 Anke Rohde, Andreas Marneros: Die vielen Gesichter der Depression. Uni-Med Verlag 2001, S. 80.

2 Jochen Paulus: Fruchtbare Frauen bevorzugen Machos. In: Psychologie heute, Juni 2004, S. 14.

3 Patsy Westcott: PMS – Die Tage vor den Tagen. Das prämenstruelle Syndrom. Umschau Buchverlag 2002, S. 10.

4 Dr. med. Elisabeth Raith-Paula: Was ist los in meinem Körper? Zyklus, Tage, Fruchtbarkeit. Weltbild Buchverlag 2002.

5 Sabine Marya: Wenn sich der Nebel lichtet. Frauen erleben und überwinden Depressionen. Frauenoffensive 2001.

6 Lee S. Cohen u.a.: Gender-Specific Considerations in the Treatment of Mood Disorders in Women Across the Life Cycle. Journal Clin Psychiatry 64. Supplement (2003) 18–29.

7 Patsy Westcott: PMS – Die Tage vor den Tagen, a.a.O., S. 27.

8 ebda, S. 19.

9 ebda, S. 27.

10 Stiftung Warentest: Depressionen überwinden. Ein Ratgeber für Betroffene, Angehörige und Helfer. 2003.

11 Anke Rohde, Andreas Marneros: Die vielen Gesichter der Depression, a.a.O., S. 80.

12 ebda.

13 Patsy Westcott: PMS – Die Tage vor den Tagen, a.a.O., S. 25.

14 Katharina Dalton: Wochenbettdepressionen. Hans Huber 2003.

15 Anke Rohde, Andreas Marneros: Die vielen Gesichter der Depression, a.a.O., S. 80.

16 Wie ein Zyklustagebuch geführt werden kann, ist nachzulesen in:

Sibil Tschudin: Prämenstruelles dysphorisches Syndrom. In: Anita Riecher-Rössler, Anke Rohde: Psychische Erkrankungen bei Frauen. Für eine geschlechtersensible Psychiatrie und Psychotherapie, Karger 2001, S. 9.

[17] Marion Kiechle u.a.: Wechseljahre als Chance. Knaur Ratgeber Verlag 2003.

[18] Sibil Tschudin: Prämenstruelles dysphorisches Syndrom. In: Anita Riecher-Rössler, Anke Rohde: Psychische Erkrankungen bei Frauen, a.a.O., S. 11.

[19] Stiftung Warentest: Depressionen überwinden, a.a.O.

[20] Sibil Tschudin: Prämenstruelles dysphorisches Syndrom. In: Anita Riecher-Rössler, Anke Rohde: Psychische Erkrankungen bei Frauen, a.a.O., S. 12.

Wechseljahre

[1] Stiftung Warentest: Depressionen überwinden. Ein Ratgeber für Betroffene, Angehörige und Helfer. 2003.

[2] Dr. med. Christiane Northrup: Wechseljahre. Selbstheilung, Veränderung und Neuanfang in der zweiten Lebenshälfte. Zabert Sandmann 2001.

[3] Beate Schultz-Zehden: Krise der Frau in der Lebensmitte – hormonell oder psychisch? Gynäkologe 26, (2003), 224–230.

[4] Bundeskoordination Frauengesundheit (BKF): Frauen Leben Gesundheit. August 2003.

[5] Beate Schultz-Zehden: Krise der Frau in der Lebensmitte – hormonell oder psychisch? a.a.O.

[6] Die Lust der Lebensmitte. Psychologie heute, Juni 2004, S. 18.

[7] Beate Schultz-Zehden: Krise der Frau in der Lebensmitte – hormonell oder psychisch? a.a.O.

[8] Dr. Miriam Stoppard: Menopause. Problemlos durch die Wechseljahre. Dorling Kindersley Verlag 2002.

[9] Spiegel 30/2000.

[10] Alexa Franke, Annette Kämmerer (Hrsg.): Klinische Psychologie der Frau. Ein Lehrbuch. Hogrefe Verlag 2001.

[11] Prof. Dr. Marion Kiechle, Dr. Vanadin Seifert-Klaus, Bernd Neumann: Wechseljahre als Chance. Droemer Knaur 2003.

[12] Verena Kast: Lebenskrisen werden Lebenschancen. Wendepunkte des Lebens aktiv gestalten. Verlag Herder (Herder Spektrum 5402) 2003.

[13] Beate Schultz-Zehden: Krise der Frau in der Lebensmitte – hormonell oder psychisch? a.a.O.

[14] Stiftung Warentest: Depressionen überwinden. a.a.O.

[15] Spiegel 30/2000.

[16] Bundeskoordination Frauengesundheit (BKF): Frauen Leben Gesundheit. a.a.O.

[17] ebda.

[18] Prof. Dr. Marion Kiechle, Dr. Vanadin Seifert-Klaus, Bernd Neumann: Wechseljahre als Chance. a.a.O.

19 Markus Banger: Affektive Störungen im Klimakterium. In: Anita Riecher-Rössler, Anke Rohde (Hrsg.): Psychische Erkrankungen bei Frauen. Für eine geschlechtersensible Psychiatrie und Psychotherapie. Karger 2001, S. 34.
20 Beate Schultz-Zehden: Krise der Frau in der Lebensmitte – hormonell oder psychisch? A.a.O.
21 Markus Banger: Affektive Störungen im Klimakterium. In: Anita Riecher-Rössler, Anke Rohde (Hrsg.): Psychische Erkrankungen bei Frauen. a.a.O., S. 44.
22 ebda. S. 40.
23 Bernard L. Harlow u.a.: Prevalence and Predictors of Depressive Symptoms in Older Premenopausal Women. Archiv of General Psychiatrie, (1999), 418–424.
24 Bernard L. Harlow u.a.: Depression and its influence on reproductive endocrine and menstrual cycle markers associated with perimenopause. The Harvard Study of Moods and Cycles, 60 (2003), 29–36.
25 Dr. med. Christiane Northrup: Wechseljahre,. a.a.O.
26 Verena Kast: Lebenskrisen werden Lebenschancen, a.a.O.
27 Dr. med. Christiane Northrup: Wechseljahre, a.a.O.

Antidepressiva

1 Stiftung Warentest: Depressionen überwinden. Ein Ratgeber für Betroffene, Angehörige, Helfer. 2003.
2 D. Althaus u.a.: Wissensstand und Einstellungen der Allgemeinbevölkerung zu Symptomen, Ursachen und Behandlungsmöglichkeiten depressiver Erkrankungen. Nervenarzt 7 (2002) 659–664.
3 Andrew Solomon: Saturns Schatten. Die dunklen Welten der Depression. Fischer, 2002.
4 ebda.

Psychotherapie

1 Andrew Solomon: Saturns Schatten. Die dunklen Welten der Depression. Fischer 2002.
2 Stiftung Warentest: Depressionen überwinden. Ein Ratgeber für Betroffene, Angehörige und Helfer. 2003.
3 Alexa Franke, Annette Kämmerer (Hrsg.): Klinische Psychologie der Frau. Ein Lehrbuch. Hogrefe 2001.
4 Maria Hofecker u.a.: Gruppentherapie für depressive Mütter. In: Anita Riecher-Rössler, Anke Rohde: Psychische Erkrankungen bei Frauen. Für eine geschlechtersensible Psychiatrie und Psychotherapie. Karger 2001, S. 307.
5 Alexa Franke, Annette Kämmerer (Hrsg.): Klinische Psychologie der Frau. A.a.O.
6 Neurology 59, Suppl 4 (2002) 56.

Literatur

Althaus, D. u. a.: Wissensstand und Einstellungen der Allgemeinbevölkerung zu Symptomen, Ursachen und Behandlungsmöglichkeiten depressiver Erkrankungen. Nervenarzt 7 (2002) 659–664.

Ballestrem, Carl-Ludwig von u.a.: Ein Modell für das Screening von Müttern mit postpartaler Depression. Nervenheilkunde 6 (2001).

Baron-Cohen, Simon: Vom ersten Tag an anders. Das weibliche und das männliche Gehirn. Patmos Verlag 2004.

Bosworth, Hayden B. u. a.: Depressive Symptoms, Menopausal Status, and Climacteric Symptoms in Women at Midlife. Psychosomatic Medicine 63 (2001) 603–608.

Bundeskoordination Frauengesundheit (BKF): Frauen. Leben. Gesundheit. August 2003.

Cohen, Lee S. u. a.: Gender-Specific Considerations in the Treatment of Mood Disorders in Women Across the Life Cycle. Journal Clin Psychiatry 64. Supplement (2003) 18–29.

Dalton, Katharina: Wochenbettdepressionen. Hans Huber 2003.

Franke, Alexa, Kämmerer, Annette (Hrsg.): Klinische Psychologie der Frau. Ein Lehrbuch. Hogrefe Verlag 2001.

Gastpar, M., Müller, W.E. (Hrsg.): Depressionen: Versorgungsstrukturen und Behandlungsperspektiven. Springer 2002.

Geisel, Elisabeth: Tränen nach der Geburt. Wie depressive Stimmungen bewältigt werden können. Kösel 1997.

Gmür, Pascale: MutterSeelenAllein. Erschöpfung und Depression nach der Geburt. Atlantis Verlag pro juventute 2000.

Gröhe, Friederun: Nehmt es weg von mir. Depressionen nach der Geburt eines Kindes. Vandenhoeck & Ruprecht 2003.

Harlow, B. L. u.a.: Depression and its influence on reproductive endocrine and menstrual cycle markers associated with perimenopause. The Harvard Study of Moods and Cycles 60 (2003).

Harlow, B. L. u.a.: Prevalence and Predictors of Depressive Symptoms in Older Premenopausal Women. Archiv of General Psychiatrie 56 (1999) 418–424.

Hofecker-Fallahpour u.a.: Gruppentherapie bei Depression in der frühen Mutterschaft. Erste Ergebnisse einer Pilotstudie. Nervenarzt 74 (2003) 767–774.

Hegerl, Ulrich u.a.: Depressionen bewältigen. Die Lebensfreude wiederfinden. Trias Verlag 2004.

Jacobi, F. u.a.: Prävalenz, Erkennens- und Verschreibungsverhalten bei depressiven Syndromen. Eine bundesdeutsche Hausarztstudie. Der Nervenarzt 7 (2002) 651–658.

Kahn, David A. u.a.: Major Depression During Conception and Pregnancy: A Guide for Patients and Families. A Postgraduate Medicine Special Report. March 2001.

Kahn, David A. u.a.: Postpartum Depression: A Guide for Patients and Families. A Postgraduate Medicine Special Report, March 2001.

Kast, Verena: Lebenskrisen werden Lebenschancen. Wendepunkte des Lebens aktiv gestalten. Verlag Herder (Herder Spektrum 5402) 2003.

Kessler, Ronald C.: Research report. Epidemiology of women and depression. Journal of Affective Disorders 74 (2003) 5–13.

Kiechle, Marion, Seifert-Klauss, Vanadin, Neumann, Bernd: Wechseljahre als Chance. Knaur Ratgeber Verlage 2003.

Kuhnle, U. u.a.: Geschlechtsentwicklung zwischen Genen und Hormonen. Worin liegt der Unterschied zwischen Mädchen und Jungen, Männern und Frauen? Monatsschrift Kinderheilkunde 151 (2003) 586–593.

Lange-Ernst, Maria-E.: Depressionen und Angsterkrankungen wirksam behandeln. Midena 2000.

Marya, Sabine: Wenn sich der Nebel lichtet. Frauen erleben und überwinden Depressionen. Frauenoffensive 2001.

Nispel, Petra: Mutterglück und Tränen. Das seelische Tief nach der Geburt überwinden. Verlag Herder (Herder Spektrum 5207), überarb. Neuausgabe 2001 (vergriffen).

Northrup, Christiane: Wechseljahre. Selbstheilung, Veränderung und Neuanfang in der zweiten Lebenshälfte. Zabert, Sandmann 2001.

Paulus, Wolfgang E., Lauritzen, Christian: Medikamente und Schadstoffe in Schwangerschaft und Stillzeit. Spitta Verlag 2003.

Pantlen, Almut u.a.: Psychische Auswirkungen traumatisch erlebter Entbindungen. Zentralblatt für Gynäkologie 123 (2001) 42–47.

Peveler, R. u.a.: ABC of psychological medicine. Depression in medical patients. BMJ 325 (2002)149–152.

Pitschel-Walz, G.: Lebensfreude zurückgewinnen. Ratgeber für Menschen mit Depressionen und deren Angehörige. Urban & Fischer 2003.

Raith-Paula, Elisabeth: Was ist los in meinem Körper? Zyklus, Tage, Fruchtbarkeit. Weltbild Buchverlag 2002.

Riecher-Rössler, Anita, Rohde, Anke: Psychische Erkrankungen bei Frauen. Für eine geschlechtersensible Psychiatrie und Psychotherapie. Karger 2001.

Rohde, Anke: Psychiatrische Erkrankungen in der Schwangerschaft und im Wochenbett. Der Gynäkologe 34 (2001) 315–323.

Rohde, Anke: Depressionen, Ängste und andere psychische Probleme rund um die Geburt des Kindes. Ein Ratgeber für Betroffene, Angehörige und das soziale Umfeld. Kohlhammer 2004.

Rohde, Anke, Marneros, Andreas: Die vielen Gesichter der Depression. Uni-Med Verlag 2001.

Roth, Gerhard: Fühlen, Denken, Handeln. Wie das Gehirn unser Verhalten steuert. Suhrkamp Verlag 2004.

Schultz-Zehden, Beate: Krise der Frau in der Lebensmitte – hormonell oder psychisch? Gynäkologe 36 (2003) 224–230.

Solomon, Andrew: Saturns Schatten. Die dunklen Welten der Depression. S. Fischer 2002.

Stiftung Warentest: Depressionen überwinden. Ein Ratgeber für Betroffene, Angehörige und Helfer. 2003.

Stoppard, Miriam: Menopause. Problemlos durch die Wechseljahre. Dorling Kindersley Verlag 2002.

Wagner-Neuhaus, Doris: Depressionen. Ein Ratgeber für Angehörige. Psychiatrie Verlag 2003.

Wahl, Rolf: Kurzpsychotherapie bei Depressionen. Interpersonelle Psychotherapie und kognitive Therapie im Vergleich. Westdeutscher Verlag 1994.

Westcott, Patsy: PMS – Die Tage vor den Tagen. Das prämenstruelle Syndrom. Umschau Buchverlag GmbH 2002.

Wittchen, H.U. u.a.: Affektive, somatoforme und Angststörungen in Deutschland – Erste Ergebnisse des bundesweiten Zusatzsurveys „Psychische Störungen". Gesundheitswesen 61 (1999) 216–222.

Wittchen, H.U. u.a.: Die Versorgungssituation psychischer Störungen in Deutschland. Bundesgesundheitsbl. 44 (2001) 993–1000.

Von Frau zu Frau

Friedrich P. Graf
Ganzheitliches Wohlbefinden – Homöopathie für Frauen
Band 4856

Hier finden Frauen praktische und verlässliche Informationen, um akuten Problemen wirksam zu begegnen und Selbstheilungskräfte zu mobilisieren.

Rotraud A. Perner
Wer den Himmel will, muss fliegen können
Erfolgsstrategien für Frauen
Band 5393

Ziele angehen. Eigenmacht und Übermut kreativ einsetzen, aber auch Klugheit und vernünftige Strategien. Das ist das Erfolgsrezept.

Ingrid Riedel
Die gewandelte Frau
Vom Geheimnis der zweiten Lebenshälfte
Band 4892

Ingrid Riedel zeigt, wie Frauen neue Perspektiven, Freiheiten und Vertrauen entdecken und erleben können, auch in Zeiten der Krise.

Margarethe Schindler/Hildegard Nies
Gelassener leben
Frauen in der Lebensmitte
Band 5235

Das ganze, volle Leben lieben und auch die späteren Jahre staunend begrüßen. Wie das gelingt, zeigen die Autorinnen mit vielen Beispielen.

Christine Swientek
Mit 40 depressiv, mit 70 um die Welt
Wie Frauen älter werden
Band 4909

„Dieses Buch ist eines der positivsten und handfestesten, die es zu dieser Thematik gibt“ (Frankfurter Rundschau).

HERDER spektrum